はじめに

ある〝魔法〟を使いはじめて、私の人生は劇的に変わった

はじめまして、Sayaka.です。

本書を手に取ってくださったあなたは「引き寄せ」に興味がある方でしょうか?

恋や仕事をもっと充実させたい方や、なんとなく毎日にモヤモヤしている方もいらっしゃるかもしれませんね。

本書は、もともと普通の会社員をしていた私の、個人的な12ヶ月間の記録です。

有名人でもなければ、すごい成果を出している社長さんでもない、スピリチュアルに詳しいわけでもない、〝私〟の〝ただの記録〟が、なぜ本として出版されることになったのか。

まずは、そこに至るまでの経緯と、私のちょっとした秘密についてお話しをさせてください。

前述の通り、私は会社員をしていました。

そこから約3年前に独立し、今では〝フリーランス〟という、個人で企業から仕事をいただく形でお仕事をするようになっています。

朝ゆっくり起きてお家やカフェで仕事をしたり、大きなプロジェクトに関わっていないときには、週1、2日だけ働いて、ホテルステイを楽しんだり……。

こんなふうに書くと、バリキャリで行動力のある人間を想像されるかもしれませんが、そんなことはありません。

むしろ、仕事はもともと大の苦手。

新卒で入った1社目の会社は、毎日お客さんと接する営業の仕事が嫌で、入社後3ヶ月で、朝ベッドから起きられなくなり、退社しました。

転職した先でも、クライアントの企業名を間違えて、クライアントを激怒させたこともありますし、相変わらずしょっちゅう朝寝坊をし、走って出社し、呆れられたことも……。

そんなダメダメ社会人の私が、独立して仕事をするようになって、そして、この本を出版するまでになった経緯には、ちょっとした秘密があります。

それは、ある〝魔法〟を見つけて、こっそり使いつづけているということです。

この魔法自体はとてもシンプルなので、ここですべてを明かしてしまうと——。

いつもできるだけ〝いい気分〟でいること、ただそれだけです。

〝いい気分〟でいると聞いても、ピンとこない人もいるでしょう。

〝いい気分〟とは、つまり、何より自分の心がいい状態でいるということ。

私なりのコツは、現実に気を取られすぎないことと、自分の心に嘘をつかないことです。

たとえば、仕事でうまくいかないことがあっても、解決策を探すより先に、一度現実を無視してでも気分を立て直す。

どれだけ付き合いの長い彼氏であっても、「違うかも」と感じたら、その違和感を見ないふりするのではなく、関係を見直す。

それくらいです。

「そんな簡単なこと？」とがっかりされたかもしれませんが、〝いい気分でいること〟は、あの「引き寄せの法則」の大原則でもあります。

「今さら、引き寄せ？」「〝引き寄せ〟は自分もやってみたけど、イマイチ効果なかった」という方もきっといらっしゃるでしょう。

ですが、徹底して、この〝いい気分の魔法〟を使った結果、私の人生は大きく変わりました。独立後は、彼氏なし＆仕事なしからスタートしたのに、たった1年で、

・全然モテなかったのに、急にモテはじめる
・理想の彼氏リスト30項目にぴったりな彼氏ができる
・週の半分だけ働き、月収が会社員時代の約5倍になる

・長年憧れていた仕事をいただけるようになる

など、いろんなことが好転していったのです。

「いやいや、そんな簡単なことでうまくいくわけがない」と思われましたか？

私もずっと、とても懐疑的でした。

本当にいい気分でいるだけで理想が〝引き寄せ〟られるなら、実際にどんなふうに引き寄せられるのか。

誰かがわかりやすく体験をシェアしてくれたら、少しは信用できるのに……、と。


本書は、かつての私のような方にこそ、読んでもらいたいと思っています。

本書を通じて、あなたの人生にもミラクルを引き寄せるお手伝いができることを心から願っています。

Sayaka.

『今さらだけど、引き寄せちゃった！』目次

第1章

Change

チェンジ

彼氏なし&仕事なしからスタート

第2章

Miracle

ミラクル

焦らないでいたら、小さな偶然がやってきた

第3章

Chance

チャンス

これってもしかして、うまくいく流れ!?

第4章

Original

オリジナル

恋も仕事も、自分史上最高に

エピローグ　2年目も、ひたすら自分を大切にしてみた結果

Q&A　Sayaka.への質問

3年弱を振り返って　おわりに

本文レイアウト／今住真由美
本文DTP／野中賢（システムタンク）
本文イラスト／東口和貴子（P71、P125）

この本の読み方

この本は、以下のように構成しています。

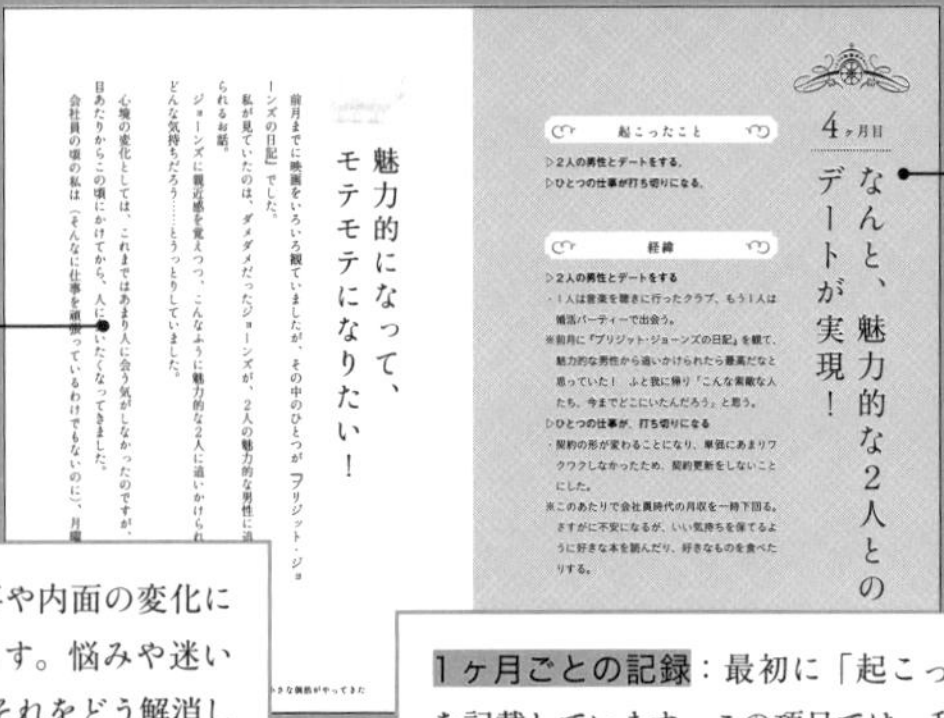

本文：記録の出来事や内面の変化について説明しています。悩みや迷いがあったときには、それをどう解消したかを書きました。

1ヶ月ごとの記録：最初に「起こったこと」と、「経緯」を記載しています。この項目では、私の感想や想いは省き、記録のような形で、事実だけを淡々と書いています。

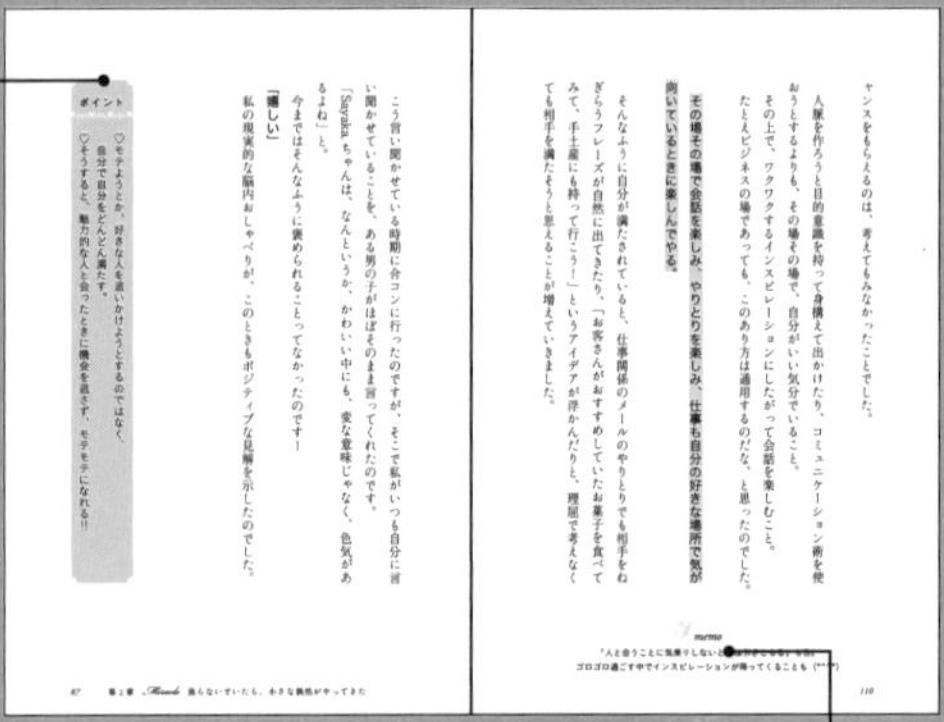

ポイント：その1ヶ月間で得たことをまとめています。1ヶ月の記録以外は、恋愛リアリティ番組やスポーツ中継の副音声のような位置付け。記録からパラパラ読み、気になったところから読んでいただくのもいいかもしれません。

memo：本文に関するプチアドバイスを入れています。

Prologue

“魔法”との出会い

スピ初心者の私が、自分の心を信じ、人生の舵を切るまで

スピリチュアルな世界に詳しいわけでもない私が、なぜ自分の気分や心というものを軸に人生を歩みはじめたのか？

この章のタイトルは「魔法との出会い」ですが、〝魔法〟の話をする前に、まずは約3年前にあった出来事についてお話をさせてください。

当時、アラサーだった私は、勤めていた会社をやめ、長年付き合っていた彼氏と別れました。

なんとなくもやもやしながら続けていたことを一通りやめたのです（具体的にやめたことは30ページの「ミラクルな12ヶ月に入る前の私についての記録」のページで箇条書きにしています）。

なんで今ある環境や何気ない毎日に感謝して、生きられないんだろう？

みんな嫌なことがあっても、我慢して、毎日頑張っているのに。
いい歳の社会人にもなって、なんて自分勝手なんだ。

そんな気持ちを何度も行き来しながら、特にやりたいことがあるわけでもないのに、いろんなことをやめたのは、「自分が思うように人生を送ってみたい」という気持ちを無視できなくなっていたからでした。

いろんなことをやめる前の私は慢性的に疲れていて、満員電車に揺られて出社し、人が少なくなった時間帯の電車で帰宅するような生活を送っていました。

家の帰路にあるコンビニで大盛りパスタを買って食べる瞬間につかの間の幸せを感じて、あとは倒れるように寝るというような毎日。

別に特に仕事ができるわけでもなく、寝坊をしたりミスをするほど、社会人としてはダメダメ。

さらにこれといった趣味もなし。

そうして毎日、ただただ疲れていた私が、唯一時間を費やしていたのが、幸せや成功に関わる本を読むことでした。

いつも**「人生、このままでいいのかな？」**という漠然とした不安があったからです。毎週金曜の夜にはなるべく早めに退勤して本屋さんに駆け込み、成功哲学や自己啓発、心理学や脳科学や哲学の棚や、ビジネス書などの棚を眺めては、週末で一気に人生を変えてくれそうな本を探しました。

月曜の朝がはじまる前に、何かを変えたかったのです。

きっと日曜の夕方には、「また1週間がはじまる」と泣きたい気持ちになるからです。

気に入った本は、休日はもちろん、遅刻しそうな通勤電車や眠気の襲う帰りの電車でも読みました。

気になる文章があればページを折ったりお風呂に持ち込んだりしていたので、お気に入りの本たちはアコーディオンのようになりました。

理解が難解な本は図を書き込み、赤線を引いていたので、天才研究者の論文のようになりました。

今思うと異様なほどの執着心で、とにかく古今東西の「成功」とか「幸せ」とかに関わりそうな本を5年ほど、狂ったようにたくさん読み漁ったのです。

「このままずっと迷いながら、何か違うと思いながら死ぬのは嫌だ」、そんな妙な切迫感にかられていました。

仕事もある、彼氏もいる、両親も健在。

日々の中で、幸せを感じることだってある。だけど、何かが違う。

何が違う？　なんで時々こんなに虚しい？

不安？　違和感がある？

何が正解？　私はこれからどう生きればいい？

問いかけつづけた結果、たどり着いたのは、あまりにもおバカな仮説でした。

それは「〝自分がいい気分でいること〟を徹底すれば、自分史上最高に幸せな人生を送る魔法がかけられるんじゃないか？」というものです。

成功や幸せに関する本1冊1冊には、著者の方が人生で発見してきた独自の各論が書いてあります。

「朝6時に起きれば人生はうまくいく」「軽い運動でストレスが消える」「掃除をしなさい」「朝1杯のコーヒーを飲むとうまくいく」「過去のトラウマに縛られるな」「行動しろ」「1日15分瞑想をしなさい」「我を捨てなさい」「人に与えなさい」「『ありがとう』と言いなさい」……。

だけどこの各論は、別の著者の主張と矛盾することもありました。

誰の話を信じればいいの？

誰の何が正解なの？

何をすれば本当に効果があるの？

もともとズボラな私は、間違ったことを信用して、時間や労力を無駄にすることを恐れていました。

それなら、いい気分でいればいいんじゃない？

そんな思いから、著者、分野、発行されている国、ロングセラー・最新の本などもなるべく偏りがないように次々読んでいきました。

その結果、結局、多くの本の共通項をものすごく抽象化すると「ストレスなくいい気分で過ごせ」と「やりたいことをやれ」になるように思えたのです。

現実主義な本では何かが欠けているような気がして、思考や精神に、よりフォーカスした本も読みました。

こちらの分野では、行動云々以前に、「自分の内面を変えることで現実は変えられる」という主張が出てきました。

それなら究極、「いい気分でいれば、おのずといい現実があらわれてくるのではないか」と思ったというわけです!

最初のほうこそ「そんな精神論でうまくいくなら、みんな幸せになっている」と思いました。

だけど、私を含め同じような本を読んだ多くの人が、好きなことをすることはおろか、いい気分でいることすらできてはいない。

満員電車で耳にするサラリーマンの舌打ちや、電車待ちで並ぶ人たちの不機嫌そうな顔が頭に浮かびます。

みんな今日も明日も、やらなきゃいけない仕事があって、家事があって、忙しくて、お金を稼がなくちゃいけなくて、時間がないから。

貯金しなきゃいけなくて、老後幸せに暮らすために、今頑張らないといけないから。

言い訳は浮かびますが、どれだけ精神論を批判したって、私は何年本を読んでも、そこで言われていることを実践できていないのだから、間違っている証明はできないということでもありました。

死ぬときに、きっと私は、「そういえば、あのとき見つけた仮説を本気で試してみたらどんな人生になったんだろう？」なんていうことを考える。

「もっと幸せになれていたかな？」「別の道があったのかな？」と。

もしかすると「結局何もやらなかったんだから、本に費やした時間はなかったも同然。インスタを見て、メイクの研究でもしていればよかった」と後悔するのかもしれない。

そう思うと、床を這いつくばりたくなるほど悔しくなりました（笑）。

1人暮らしの部屋の中には、日曜の夕日に照らされたアコーディオンのようになった本や、赤線を引いた本たちが散らばっています。

自分が「これだ」と思って選んできたこの本たちのすべてが本当に嘘だと思う？

バカみたいに単純だけど、これだけ考えてきたことが100％間違っていると思う？　少なくとも60％くらいは、合っているんじゃない？

「本当に自分のいい気分を大切にする人生を送れば、少しは何かが変わるかも」

「自分の思うように、やってみたい」

そんな気持ちはふつふつと大きくなっていきました。

さらに興味深かったのが、この仮説は〝引き寄せの法則〟で言われていることでもあることです。

「いい気分でいるといいことが引き寄せられる」という、ちょっとシンプルすぎて信じがたいあの法則。

「本当かな？」と思いつつも、10年以上前から本屋で見かける世界的ロングセラーの同本の主張と、仮説が違わないというのは、心強くありました。

そうしてある夜。

家で残業のためにパソコンを打っていた手がピタリと動かなくなりました。

怖いし、情けないし、申し訳ない。

私はとてもわがまま。

もしかすると、頭がおかしいのかもしれない。


目から勝手に涙がポロポロ溢れてきました。

だけど、私は私の人生を、私が思うように生きてみたい。

その夜、なんとなく嫌だったこと、もやもやしながら続けていたことを一通り手放すことを決めたのでした。

そうして誰にも秘密で、1人で、自分の〝いい気分〟を何よりも大切にするという決意をしたのが約3年前の深夜だったというわけです。

……とはいえ、普通の会社員だった私が、海外で事業をはじめたとかそんなにダイナミックな舵の切り方をしたわけではありません。

長年、なんとなく違うかもと思いながら続けていたことを、手放していっただけ。

会社をやめたり、長年付き合っていた彼氏と別れたり……。

私の人生にとっては大きな決断でしたが、ほかの人からすると、取るに足らない、よくあることでしょう。

だけど……。

そうして自分の〝いい気分〟を何より大切にするようになってからの変化のスピードや振り幅は、少しだけ、普通じゃなくなっていきました。

今の私が当時の私にどれだけ説明しても信じてもらえないような変化が、それから1年の間に展開していったのです。

それはまるで、〝魔法がかかったような展開〟だったのです。

自分を実験台に、やってみる！

本書では、1年目に私が体験した、〝普通じゃない〟〝魔法がかかったような〟展開を、記録の形でシェアさせていただきます。

先ほど書いたように、〝いい気分でいること〟は、引き寄せの法則の大原則です。

引き寄せが好きでも、「どんな経緯でミラクルを引き寄せられるのか？」という疑問がある方も多いと思いますが、本書はきっとその疑問にお答えできるはず！

繰り返しになりますが、**私がやったことは、ただ自分の〝いい気分〟を何より大切にするようにすること。**

あとはその上で（できる限りですが）、なるべく自分の時間やエネルギーを、好きなことやワクワクすることに注ぐようにすることです。

これも〝いい気分〟を大切にすることの一環であり、大層な話ではありません。

まず大前提、普段からいい気分でいること。

その上で、何か選択肢（＝時間やエネルギーを注ぐ先）があらわれたときに、いい気分になれるものを選ぶということです。

プリンかゼリーか？　ミートソースパスタか明太子パスタか？　普通車かグリーン車か？　この仕事にノルかソルか？　どんな未来を望むか？

すべて「それを選んだ自分がいい気分どうか（好き、ワクワクする、心惹かれる、ときめく、しっくりくる、心地いいなどの感情が起こるかどうか）？」ということを最優先にして決めるようにするということです。

損得勘定や、ほかの人に立派に見られるか？　正しそうか？　ではなく、です。

どんなにもっともらしく見えることでも、自分自身が違和感を抱いたなら、選ばないようにしました。

……ああ。もしも私の仮説が間違っていたなら、きっと1年後、私の人生はとんでもなくめちゃくちゃなことになっているだろうな。

そう呆れながら、恐る恐る「自分の心を第一優先にする」をやってみたのでした。

ノウハウはたったこれだけですから、きっと最後までこの本を読んでいただいても、新しい学びや発見はないかもしれません。

本当に私の体験の記録と、そこで感じたことをまとめただけなのです。

ですが、この本はまさに、当時の私がずっとほしかった形の本です。

――多くの自己啓発本にある〝精神論〟に思える主張が本当だというのなら。

――思考や自分の内面が、本当に人生に大きな影響を与えているというのなら。

――本を読む限りではまるで魔法のような世界が、もし本当にあるというのなら。

実際に自分と同じような会社員からスタートして、どんな変化が、どのくらいのスパンで、どういう経緯で起こるのか、記録して見せてほしい。

当時の自分の願いをこの本で叶え、私と似たことに興味を持ち、時に迷い、悩んでいる方へシェアできることを、とても嬉しく思います。

ミラクルな12ヶ月に入る前の私についての記録

私がやめたこと

▷ **4年弱勤めた会社をやめる**

（2社目だった。1社目は3ヶ月でやめている）

▷ **約5年付き合った彼氏と別れる**

（好きだったけど、恋愛対象として見れなくなっていた）

▷ **いろいろ無理をして何かをするのをやめる**

（何よりも自分の"いい気分"を最優先にしようと思いはじめた）

▷ **部屋の断捨離をする**

（自分がいい気分になれないものは少しずつ手放した）

事前情報

・もともと普通の会社員をしていた（求人広告の会社で、求人のライティングを担当）。

・会社をやめたあと、フリーランスのライターになる。

・寝坊をする、ミスをするなど、会社員としてはまったく優秀ではなかった。

・人脈ゼロ。営業力もゼロ（内向的）。

・彼氏なし。独身。アラサー。会社員時代のお給料は月収20万円ちょっと。

〈「引き寄せ」のコツと出会う〉

・会社員時代には現実逃避のために、出社・帰宅時や休日に自己啓発、成功哲学、心理学、脳科学などの本を鬼のように読む（スピリチュアルな本は、独特な言葉が多く理解が難しかったため、あまり入り込めなかった）。

・しかし、『引き寄せの法則』は「いい気分でいれば、いいことが引き寄せられる」と繰り返し書いてあり、単純で気に入る。

・そして結局、幸せや成功について書かれている本の多くが、突き詰めると「いい気分でいる」「自分の好きなことをする」ということをおすすめしていると気づく。

・このような解釈をもとに、いい気分でいることを大切に、自分の時間とエネルギーを極力好きなことに注ぐように意識した生活をはじめる。

0ヶ月目

退職願を出して出会った、自然体な自分

起こったこと

▷特になし

経緯

・あんまり人に会いたくなかったので、1人でいる。
・恋愛や仕事において、自分は何が好きで何が嫌いなのかをじっくりノートに書き出して、自分と向き合う。

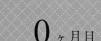

本当の自分って、なんだろう？

〈当時の状況〉

・毎日ヘトヘトで「こんな生活、もう続けたくないな」と会社をやめようと決める。
・会社に申し訳ないと思いながらも、自分に優しくすることを徹底。
・退職願を提出してからは、1ヵ月半ほど有給期間あり。その期間はただただ1人で気の赴くままに過ごす。本屋さんに行ったり、お茶を飲みに行ったり。
・その間は、自分が好きなこと、嫌いなこと、得意なこと、苦手なことなどを考えてみたりもした（仕事や別れた彼氏の好きだったところや、嫌だったところなど）。
・とても不安だったけど、転職活動をする気にはなれず、とにかく自分を大切に、自分がいい気分でいられるように毎日過ごすことだけを心がける。

・そんなことを続けていると、だんだん「まあ、なんとかなるか」「会社だって、別に私がいなくてもちゃんと回るわけだし」「世の中、探せば自分みたいな状況の人は、別に珍しくないよなあ」などと気持ちが軽くなりだす。

・そんなときにフリーランス（個人事業主）になることを思いつく。「もっとマイペースに、好きな場所で、自由に選んで仕事をするってどんな感じだろう？」と惹かれる。

・映画を観たり、音楽を聴いたりして、感動したり自然に笑ったりすることが増える。シャワーを浴びているときに、自然と鼻歌がこぼれるようになる。

「仕事や、やるべきことに追われない、こんな開放的な気持ち、子どもの頃以来かも」と思い、不思議な感覚になる。

そして、**「社会や他人からどう見えたとしても、私は今のこの、いろんなものに感動し、自分を大切にしている、子どもの頃みたいな自然な自分が好きだ」と思う。**

第1章

Change

彼氏なし&仕事なしからスタート

1ヶ月目

元同僚の結婚式と、はじめてのミラクル

起こったこと

▷**仕事がひとつ入る**

経緯

▷**仕事がひとつ入る**

・元同僚の結婚式に出席。

・ただただ式を楽しむ。

・そこで会った知人の方から「新しくスタートする事業がある。継続的に仕事をお願いできないか？」という話をもらう。

・そんなに深く知っている方でもなかったので、想定外。金額は決して大きくなかったが、継続的な仕事はありがたく、はじめての仕事の依頼にちょっと嬉しく思う。

私、ほかの人から、どう見られているんだろう？

この頃、私は、いつもピリピリしていました。

当時の私の脳内おしゃべりを書き起こすと、こんな感じです。

「〝会社をやめた自分〟は周りからどう思われているんだろう？」

「まだ大したキャリアもないのに、考え足らずなやばいやつだと思われるのかな」

「おまけに長年付き合った彼氏と別れたなんて、どうしたんだと呆れられるかも」

もちろんほかの人が、それほど私を気にしているわけがないとわかっていても、自分が今までと異なる思考や行動をしはじめたときに、周りからどんなふうに見えるのかが気になったのです。

そんな時期だったので、元同僚の結婚式が近づいてきても、正直憂鬱でした。

また、同世代が結婚ラッシュでもあったので、〝結婚〟というワードに過敏でもありました。

私は多分、当分の間、結婚の予定はない。

おめでたい報告を聞くたびに、自分だけ人生のレースで何周も遅れているような気持ちになっていました。

かといって人に会うのも億劫なので、特に何か行動するわけでもありません。

引きつづき自分の好きなことをしたり、スマホを見ながらゴロゴロしていました。

そんな状態だったので、色恋沙汰・仕事はゼロの状態から、大きな変化はなし。

だけど、このときひとつだけ、過去の自分からの変化を感じていました。

それは、

――自分は、(元彼のことは大切に思っていたけど)元彼との結婚にはワクワクしなかった。

――自分は、転職して会社員として働くよりも、もっとマイペースに働いてみたかった。

――そして自分は、ただその気持ちにしたがった。

とはっきり認識していたことでした。

日常の中で自分の気持ちを優先させはじめたことで、自分自身が何をしたくなくて、何をしたくて、何をしているのか、自分の気持ちをよく理解できるようになっていたのです。

現実は何も変わっていなかったものの、これは内面的には大きな変化でした。

それまでの私ならきっと、「彼と結婚するほうがよかった気がしてきた」「会社員のほうが安定していて幸せな気がしてきた」……で、結局、私はどうしたいんだろう？　と迷っていたはずだからです。

それに気づき、「今の私には何もないし、なんにも成功していない。だけど、自分の気持ちを誰より理解することには成功している」「自分の〝いい気分〟だけは何より大切にできている」と、身体の内側からじんわりと安心感が溢れてきました。

――ほかの人の目さえ気にしなければ、常識や社会と自分を比較しなければ……世界中でたった1人、私だけは、私を理解し、私に納得してる！

この発見は、ジェットコースターで思いきり叫んだあとのように爽快でした。
そうしてスッキリすると、元同僚の結婚式でも「結婚式も、ただ楽しんでみよう」という気持ちになれました。

――自分がどんなふうに見えているかはわからないけど、いい気分でいてみよう。

そう決意して、当日、その場その場での会話とか、出てくるお料理とか、同僚の晴れ姿とか、そういったものをただただ楽しんだのです。

冬のはじまりの澄んだ風の吹く、気持ちよく晴れた日でした。素敵な出会いや仕事につながる話なんかも特に期待せず、ご機嫌でいることをしていた昼下がり。

突然、降ってきた不思議な話

意外だったのは、いい気分でいると、自然と「よかったね」「おめでとう」という優しい気持ちが生まれてきたことです。

最初は正直な話、結婚式のおめでたい光景を見ながらも、自分の決しておめでたくはない現状について考えていました。

しかし、いい気分でいるようにしていると、そんな現状がいつの間にか頭の中から消え去り、自然と「大事な式に呼んでもらえて嬉しいな。ありがたいな」というピュアな気持ちが湧きだしてきたのです。

仕事の話になったのは、そんな妙にほんわかした気分でいたときでした。たまたまテーブルで一緒になった知人と話している中で、私が会社をやめてフリーになった話になり「これからどうするの?」という話題になったのです。

一瞬、「あー。今はまだ聞かないで~」と心の中でギクッとしたのですが、素直に「いやー、まだ特には決まってないです」とそのままの話をしました。

――まあ、どう思われたっていいや。

お酒でほろ酔いだったことも手伝って、特に自己卑下するわけでも、自信ありげを装うわけでもなく、ただありのままについて話していました(前までの私なら、嘘はつかないまでも、無理やり勝算ありげなビジョンを強がって語ったかもしれないけど)。

強がらなかった結果、「あ、それならさ」と記念すべきひとつ目のお仕事の話が入ったのでした。

これまで、自分の口から出てくる言葉は、どこかでコピペしてきたような、おなかの底からの言葉じゃないような、そんなモヤモヤした感じがありました。

頭で考えていることと心で感じていることや行動が、すべてちぐはぐだったのです。

たとえば、「結婚したい～」と口で言いながら、頭の中では「周りも結婚しだしたし、そろそろ結婚しなきゃ」と思考し、心の中では「でも今の彼は違う気がするかも」とぼんやり感じながら、でも彼とは付き合っていたり……。

この状態では、いろんな声が頭や心を行き来するので、慢性的に疲れてしまいます。

また、自分が毎日何を考え、どんなことを〝引き寄せ〟ているのかも、わかりません。

だから、嫌なことも、いいことも、自分の心の底の声をちゃんとキャッチしてあげることが大事なんだと気づきました。

スッキリ癒される本音のデトックス

ほかの人や世間に向いていた思考を、「私はどう思う？　どう感じる？」というものに変えてみる。

嫌なことや不安なことがあっていい気分になれなかったら、無理やり抑え込もうとするのではなく、私は何が嫌？　不安？　望まない？　を探ってみること。

この頃から、私は、深く深海に素潜りするように、自分の本音を探っていきました。

そこに世間やほかの人は関係ない。

人に伝える必要もない。

memo
1人でLINEグループを作り、本音を書くのも◎。
私は背景画像をバリ島にして本音デトックスしています（*^^*）

行動を起こさず、ノートに書き出すだけでもいい。

自分と深くコミュニケーションを取るということは、どんな高級スパに行くよりも、デトックスでき、スッキリ癒されるお楽しみになりました。

嘘偽りのない自分自身であることは、最高にいい気分になれる鉄板の方法なのです。

ポイント

♡深海に潜るように本音を知ると、本当の自分が見えてくる。
♡自分と深くコミュニケーションを取ることは、最高のデトックス。

2ヶ月目

ダメな私でもいいから、ありのままで面談へ

起こったこと

▷**仕事がひとつ入る**

▷**人生最高級に楽しい思い出ができる**

経緯

▷**仕事がひとつ入る**

・フリーランス向けの仕事紹介エージェントに登録。

・ただただ心地よい気持ちで面談に行く。

・「今ちょうどライターを募集している会社がある」と話をもらう。

▷**人生最高級に楽しい思い出ができる**

・友達とパーティーなどに繰り出す。
（これまで仕事のことで頭がいっぱいで、遊ぶことがなかった）。

・何より自分が楽しむことを考えた結果、モテる。
（会社員時代は全然モテなかった）。

思考って、どこまで現実に関係しているのかな？

1ヶ月目を経て「今までよりも何か順調だな」という感覚はありつつ、頭の中の冷静な自分は**「たまたまだろう」「この先はこんなふうに順調にはいかないかも」**とお得意の現実的な脳内おしゃべりでツッコミを入れていました（笑）。

それでも、もう今さら、あとには引き返せません。

——もう会社もやめちゃったんだから、やるからには、ちゃんといい気分でいよう。

そう思い、いい気分でいることを大切にしていました。

また、この頃、ネットでたまたま見つけたエージェントに登録をしていました。

「週1日勤務」「完全フルリモート」など、今までの感覚では考えられないようなワークスタイルで働ける仕事がたくさん載っていて、「いつかは、こんな働き方で、自分の好きな仕事ができたら……」と、なかば夢見心地で登録したのです。

登録すれば、自分にマッチした仕事を紹介してくれるサービスで、登録後、まずは担当者と面談をし、今までのキャリアや今後の展望を話すことになっていました。

「今すぐに仕事を紹介してもらうことは難しいかもしれないけど、将来の働き方の参考のために行ってみよう!」、そう思うと少しだけワクワクしました。

エージェントの方とは、都心のカフェで面談をしました。

遅刻しそうになって、隣駅からタクシーを使ったのを覚えています。

過去の私なら、「なんでこんなときも自分は時間に余裕を持てないんだろう」と自分を責めながらドキドキしてお店に入り、「すみません……」と、とびきり申し訳なさそうな顔をしてエージェントの方に会ったことでしょう。

当時、まだ仕事もほぼないに等しかったので、「ここでいい印象を持ってもらわないと」と焦ったはずです。
だけどこのときの私は、タクシーに乗っているときから、いい気分のパワーを信じることにしてみました。

――自分を責めず、いったん目の前の現状は無視して目をつぶってホッと一息。

すると自然と、降りはじめの雨のようにポツリポツリと、今までとは違う考えが浮かんできます。

――大丈夫、遅れたとしても、そんなに大きく遅れることはないはず。
――エージェントはここだけじゃないわけだし。
――もしもうまくいかなかったら、それはきっと今は縁がなかったってこと。

そうしてタクシーは時間ギリギリに着いたのでした。

お店に入る前に髪を整え、エージェントの方を探しました。

いい気分でいると、焦っているときよりも目の前の景色がちゃんと見えるもの。

たしか、同年代か少し年上の女性でした。

しっかりしていそうな人だったので、「ギリギリの時間に訪れた私にイライラしないかな」「キャリアの浅さを怪訝に思われるかな」と一瞬頭をよぎったものの、気分を整えて声をかけました。

「気に入られよう」と力まず、いい気分でいると、たとえエージェントの方であっても、気心の知れた人と話すように相手との会話を楽しもうと思えました。

「評価されなきゃ」とか「必要以上によく見せなきゃ」とか、そういう気持ちで心にもないことを話すこと自体が、心地よくなく感じたのです。

今までどんなことをしてきたか、どんな働き方が理想かなどを話しました。

「この人はいつもこうしてカフェで仕事をしているのかな?」「どんな働き方なんだ

ろう？」といったことにもふと興味が湧いたので、最後のほうはそういった雑談をした記憶があります。

エージェントから企業面談の依頼メールがあったのは、それから数日後でした。面談をしても必ずしも仕事を紹介されるわけではないというニュアンスのことをエージェントの方が言っていたので、そんなに期待はしていなかったのですが、「ちょうどSayaka.さんに紹介できそうな企業がある」とのこと。

商談はベロアのワンピースで

「あ、またうまくいった」と思いました。

会社員のときは、何かとヘマをしたり、スムーズに進まないことのほうが多かったので、物事の展開に少し違う感触を覚えたのです。

こんな流れだったので、企業との面談日にもいい気分を大切にしました。

以前までの私なら、「まともに見えるいいスーツを調達しないと」「靴はどうしよう」などと、緊張して気が気じゃなかったことでしょう。

だけど、このときは……。
お気に入りのベロアの黒いロングワンピースに、フラットなパンプス。
シックなチャコールグレーのカーディガン。
肌はシンプルにパウダーで仕上げ、アクセントにシャネルの赤リップを。
ストッキングも、ヒールも、ファンデーションもなし。
ネイルもシンプルにクリアで厚塗りツヤツヤのセルフネイル。
最後にバラの香水を3プッシュ。

自分の心地よさを大切に、自分の好きなシンプルなメイクとお気に入りのファッションで臨んでみたのです。

それから、ふと「途中で話せなくなるといけないから、自分のこれまでの仕事についてまとめた資料も作っておこうかな」と思い、資料も作りました。

といっても、頑張って賢そうな資料を作ったのではありません。

気に入ったクリアファイルブックの表紙には（今思うと少し恥ずかしいですが笑）、マニキュアとグロスと口紅を使って自分で作ったオリジナルイラストを載せる。

中身も、「どうやったら自分のやってきたことに興味を持ってもらえるかな」という目線は持ちつつ、求人を作っていたときのこだわりなどを等身大で書きました。

フォントや図も、自分がおしゃれだと思うものを選びました。

すべて、「こうあるべき」と考えていたものではなく、何かを参考にするのでもなく、自分のワクワクするインスピレーションにしたがってやってみたのです！

こんなふうに全身全霊で自分のインスピレーションやセンスを表現したのは、ものすごく久しぶり。

小学生の頃、図工が好きだったのですが、それ以来です。

――小さい頃、こんなふうにものを作っているときは、何時間だって細かいことまで没頭できたっけ。

そんな記憶も蘇ってきました。

初めての企業との面談は、案の定、緊張しました。

「社会人マナーがなっていないと怒られるんじゃないか」「変なやつだと怪訝な顔をされるんじゃないか」と、脳内おしゃべりも不安げでした。

でもホッといい気分に切り替えてリラックスすると、

――「自分が素敵だと思う自分」を違うと思う企業なら、きっとお取り引きは続かないだろうし、これでいいや。

そう腹をくくることができました。
これも不思議な話なのですが、その会社の代表はたまたま私と同じ業界出身。資料をお見せしてお話をしたところ、盛り上がって、代表の方がたくさんお話を聞かせてくれました。
終始、穏やかな空気が流れ、楽しい面談になりました。

――仕事の場であっても、こんなふうに楽しむこともできるんだ。

少し呆気にとられたような、それでいて幸せでフワフワした気持ちで、帰り道を歩きました。

ヘマをしてもいいから自分らしくやっていこう

その後、すぐにエージェントから「企業側からは、ぜひSayaka.さんにということですが、何か条件はありますか？」と依頼があり、少し契約料までアップしてもらって契約を結んだのでした。

こうして、本格的にフリーランス生活がはじまりました。

――せっかくフリーになって、ヘマをしても他人や会社に迷惑をかけない状況になったのだから、自分らしくやろう。

そう思うと、仕事が労働ではなく、シンプルに楽しい体験に感じられました。

さらにこの日、私はわずかながら、たしかな手応えを感じていました。

それは「世間の目を気にしたり、ほかの人に気をつかっているときよりも、いい気分に集中しているときのほうが、圧倒的に人生がうまく回っている」というものです。

「外側の状況はコントロールできないのだから、自分の内面を変えなさい」といった言葉は自己啓発本でよく言われていますが、本当にその通りだなと思います。

より私の経験に即して言うと「自分の内面を変えなさい。そうすればおのずと外側の状況も変わっていくのだから」です♡

ほかの人にどう思われるだろう？

嫌なことを言われるかもしれない。

こんな感じで、これまでの私は、外側の状況に気分を左右されていました。

「いいことがないといい気分になれない」と思っていたので、〝いいことが起こること〟と〝嫌な出来事が起きないこと〟を願っていました。

今にして思うと、それは、自分で目をつぶって歩いて、おそるおそる、「お宝が見つけられますように」「何もぶつかりませんように」と祈りながら歩くようなもの。

本当は（これは多くの人が気づいているようで実は気づいていないことだと思うのですが）、先に自分でいい気分の魔法をかけておくこともできるのです！

つまり、心からゆるんでリラックスした気持ちや、満たされた気持ちでいることは、外側にお膳立てしてもらわなくても事前に自分で選択できる。

スティーブ・ジョブズがプレゼン前にマインドフルネスをしていたことは有名ですが、そんなふうに、どんな場であっても、誰かの顔色や反応がどんなものになるかハラハラせずとも、自分で先に気持ちを整えてから臨むことができるわけです。

そうして、いい気分になってから行動していくと、物事がスムーズに流れたり、自然といいことが目についたり、頭がクリアになって微妙な違和感やチャンスに気づくことができる、あるいは不思議なミラクルが舞い込むこともあります。

時々気分を乱されることがあっても、自分ですぐまた気分を整えられます。

memo

綺麗な海や、森林をイメージして深呼吸するなど、
気分を切り替える我流マインドフルネスを作るのもおすすめ♡

そうやって歩む毎日は、先ほどの例でいうと、目を開けて歩いている感じ。
風を感じ、勘を働かせ、ぶつかりそうな場所があればよけて、そこら中にあるお宝を見つけながら歩くような感じです。

だから一瞬一瞬、自分の気分を整えておく。
気持ちよく眠るためにシーツを整えておくのと同じように。

「すでに起こってしまったことを力ずくで改善しよう」とするのではなく、先に魔法をかけておくのが大事なんだと実感しました。

ポイント

♡ 〝いい気分〟の魔法は、他人や状況に関係なく、先にかける。
♡ 気持ちよく眠るためにシーツを整えるように、物事をはじめる前に気持ちを整える。

3ヶ月目

焼き肉を食べる、スパに行く

起こったこと

▷特になし

経緯

・1人で外食したり、本屋さんに行ったり、家で映画を観たり、たまに友人と会ったりして、心地よく過ごす。取り立てて大きな出来事はなし。

それって、私が今、本当にしたいこと？

「何かやらなくちゃ」――時間ができると、そういう焦りも出てきました。

「今のうちに人脈を作らないと」「もっと仕事を取らないと食べていけない」「婚活もちゃんとしたほうがいいのかな」……。

そんなことを考えながら、本屋さんで立ち読みをしたり、パソコンで情報を調べていると、フリーランスや起業家の人の「とにかく仕事量をこなすこと」「毎月、目標を決めてそれを達成すること」という発信や、婚活コンサルタントの方の「出会いの場数を踏むこと」「目標を立てて行動！　そして振り返りと反省と努力！」というような発信が目に入ってきます。

どの人もいかにもちゃんとしていて、優秀そうで、自信に満ち溢れているように見えました。

そんな発信を見ていると、**「やっぱり目標を立てて行動して、振り返りをして努力している人が、何事も成功するんだな」「自分は甘い。もっと努力しないと」**と私の脳内おしゃべりは諦め&修行モードに入りだします。

……が、そのときの私は、そういった発信がどうも自分にはしっくりこないということを無視できませんでした。

(元来かなり面倒くさがりやなのもありますが)、「いい気分でいると、いいことが引き寄せられる」の理屈でいくと、「今、自分が焦っている状態でやみくもにピンとこないことをしても、何かうまくいかなんじゃないか」と直感で思ったのです。

とはいえ一度、焦って異業種交流会に行ってみたこともありました。

そこでも自分がいい気分でいることを大切にしていたので、それなりに楽しかったのですが、なんとなくいろんな人と自己紹介をしあって、会は終了。

日が暮れた帰り道、立ちっぱなしで疲れた足を引きずり、チェーンのカフェに立ち寄りました。

厚くなった名刺入れから一枚一枚名刺を取り出し、「本日はありがとうございました」とメールを送りながら、気が遠くなりました。

もともと人混みの中にいると疲れるタイプということもあり、「たくさんの人がいるところに、しょっちゅう出向いて名刺交換をしつづけるのは、やっぱり面倒くさいかも」という感想が本音でした。

異業種交流会より、1人ごはん

なので、この頃はずいぶん時間がありましたが、気が向かない行動はしないようにしていました。

世間でどんなに正しいとされていることでも、自分がいい気分を感じないなら（ワクワクしたり、しっくりきたりしないなら）やらないようにするのがルールだからです。

それよりも「焼き肉が食べたい」「ハーゲンダッツのアイスが食べたい」「カップラーメンが食べたい」「ヘッドスパに行きたい」「仕事が残っているけど、今日はもう寝たい」といった、ふと浮かぶ小さな願望を、自分で叶えてあげることにしました。
「インスピレーションにしたがって焼き肉屋さんに行ったら運命の人がいたりして」みたいなミラクルも最初は少しだけ期待しましたが、残念ながら、この時期、そんなことは起こりません。

もちろん、焼き肉を食べている最中にふと我に帰り、**「今後、安定的に仕事が入ってくる見込みもないのに、こんなことをしていて大丈夫だろうか」「自分が今、こんな甘いことをしている間にも、努力や行動を積み重ねている人はいて、どんどん社会から置いていかれているのでは」**といった、お得意の現実的な脳内おしゃべりがはじ

memo

自分を満たす＝「（人も幸せにする）ハッピーなオーラを作るための自己投資」
と思うと、罪悪感なく満たせました。

まることもありました（笑）。

「少なくとも会社員の友人たちは、今日も働いて、ちゃんとお金を稼いでいる」「主婦をしている友人は、子どもを立派に育て、家族を支えている」「私はこんなことをしていていいの？」と、社会と自分を比較しはじめるのです。

でも自分に気持ちを問いかけると、「私は今、会社員の働き方をしたくないし、今、一緒に家族を持ちたいと思える人もいない。今日は焼き肉が食べたかった」とはっきりとわかります。

自分の気持ちを優先して、やりたいことをどんどん自分にやらせてあげることで、「何が正しそう？」「社会や身近な人は、どう思う？」といった他人軸と、「自分はどうしたい？」という自分軸をきっぱり切り分けられるようになっていたのでした。

こんな心境の変化から、お誕生日やお休みの日にたまにご褒美をあげるのではなく、毎日、一瞬一瞬、小さなことでも、いい気分になれること・心が動くこと・満たされることをできるだけたくさんしていこうと心に決めました。

私の好きなパリス・ヒルトンが「毎日が誕生日のように生きていくべきよ」という名言を残しているのですが、まさにその感じです。

これは自信を持って書きますが、自分が満たされていると、次のように、いいこと尽くしなのです♡

いいこと1　安心感が生まれ、肝が座る

小さな選択からとことん自分を満たすようにすると、「どんな状況にいても、私は自分で自分を満たすことができる」「自分は、きっと自分にとって一番いい選択をして、楽しんで生きていける」という確信が生まれ、肝が座ります。

それは、経歴とか実績とか、お金よりも、安心感があり、自信になるもの。

一生誰にも取られないし、なくならないし、価値が失われないスキルだからです。

いいこと2 感性や直感が磨かれる

いい気分になれるもの（好きなもの、ワクワクするものなど）をどんどん見つけて、体験していくと、心動かされるものを見つけるセンサーも、心動かされるものを味わう感性も磨かれていきます。


以前、ある経営者の方が、投資する不動産を選ぶときには、実際に街を歩いて勘で選ぶとおっしゃっていました。

街や近くの道、不動産そのものの空気などを感じて、いいと思ったものに投資するのだそうです。

その話を聞いた当時は、「そんな感覚的なもので大丈夫なの？」と疑いましたが、今なら意味がよくわかります。

磨かれた自分の感性や直感ほど、信頼できるものはないからです。

人を見るときにも、その人の肩書きや言動だけを見て判断するのではなく、「自分がどう感じるか？」の軸を大切にする。

この直観力は、実は、なかなかバカにならないのです。

いいこと③　人が勝手に自分を好きになってくれる

本当に、「自分の扱い方（思考も含めて）＝他人からの扱われ方」だなと思います。

これは全然スピリチュアルなことではなくて、人は理屈やデータではなく、表情・声・雰囲気・言葉などといったことから情報を感じ取る生き物だからです。

モテる人や大切にされる人は、雰囲気レベルでそういう情報を発しているだけ。

そのオーラは、日々の自分に対する思考や固定観念、日々の何気ない選択で、どんどん強固になっていくものだと思うのです。

なので、人に好かれたい、人から大切にされたいと思ったなら、自分をとびきり好きでいて、大切にもてなすこと。

これも私が実体験を通じて感じたことのひとつです。

自分を満たしつづけた先にやりたくなったこと

ちなみに、自分をとことん満たしつづけると、どうなると思いますか？

「わがままになって社会で暮らせなくなるんじゃないか」

私はそんなことも考えていました。


でも、溢れてしまうくらいに満たされた結果は、「自然とほかの人を喜ばせたり、幸せをシェアしたい気持ちが湧き出てくる」という、ちょっと想定外のものでした。

面白いのが、「いいことをしたらいいことが返ってくる」「一日一善」「人に何かを与えられる人間にならなければ」「かわいそうだから、何かを恵もう」——そういう思考から意思を持つのではなく、自然と胸のあたりから生まれ出てきたこと。

小さい子どもって、よくお菓子をわけてくれたり、自分の大切にしているおもちゃをくれたりしませんか？

おそらく、あの感じです。

損得勘定や同情よりも、もっとピュアなものなのです。

アインシュタインは生前、娘に手紙を残しました。

そして彼の死後、世の中がその手紙の内容を受け取れる時代になったら公開してほしいと頼んだのです。

その一文には、こんなことが書いてあります。

「それぞれの個人は自分の中に小さな、しかし強力な愛の発電機を持っており、そのエネルギーは解放されるのを待っている」

満たされているときに人にいいことをしたくなる感覚というものは、この発電機が稼働している感覚がものすごくしっくりきます♡

ポイント

♡毎日を誕生日のように過ごし、とびきり自分を満たしておくこと。
♡自分を十分に満たしたら、自然と人にいいことがしたくなるはず。

1ヶ月目〜3ヶ月目のまとめ

起きたこと

・元同僚の結婚式で仕事のチャンスをいただく
・なぜか、ちょっとずつモテはじめる
・出かけるのが楽しみになる

ハッピーポイント

♡洋服も、持ち物も、ワクワクするインスピレーションにしたがう
♡毎日を誕生日のように過ごし、とびきり自分を満たす
♡どんな状況でも、最優先するのは、自分の気分

第 2 章

Miracle

焦らないでいたら、
小さな偶然がやってきた

4ヶ月目
なんと、魅力的な2人とのデートが実現！

起こったこと

▷２人の男性とデートをする
▷ひとつの仕事が打ち切りになる

経緯

▷**２人の男性とデートをする**
・１人は音楽を聴きに行ったクラブ、もう１人は婚活パーティーで出会う。
（前月に『ブリジット・ジョーンズの日記』を観て、魅力的な男性から追いかけられたら最高だなと思っていた！　ふと我に返り、「こんな素敵な人たち、今までどこにいたんだろう」と思う）
▷**ひとつの仕事が、打ち切りになる**
・契約の形が変わることになり、単価にあまりワクワクしなかったため、契約更新をしないことにした。
（このあたりで会社員時代の月収を一時下回る。さすがに不安になるが、いい気持ちを保てるように好きな本を読んだり、好きなものを食べたりする）

世界一いい女になって、モテモテになりたい！

前月までに映画をいろいろ観ていましたが、その中のひとつが『ブリジット・ジョーンズの日記』でした。

私が見ていたのは、ダメダメだったジョーンズが、2人の魅力的な男性に追いかけられるお話。

ジョーンズに親近感を覚えつつ、こんなふうに魅力的な2人に追いかけられるってどんな気持ちだろう……とうっとりしていました。


心境の変化としては、これまではあまり人に会う気がしなかったのですが、2ヶ月目あたりからこの頃にかけて、人に会いたくなってきました。

会社員の頃の私は（そんなに仕事を頑張っているわけでもないのに）、月曜から金曜までヘトヘトで、土日は寝て過ごすような毎日。

週末に遊びに出かけても、月曜が迫っていることを考えると、心の底からは楽しめませんでした。

それがいい気分を大切にして心に余裕ができた結果、単純ですが、「ハメを外して自由に遊んでみよう」「人生一度きりなんだから心から楽しもう!」といったワクワクした気持ちが芽生えてきたのです。

そうして友人と一緒に、合コンやクラブ、婚活パーティーなどに出かけてみたのが、この時期。

そこで感じた変化は「なんか以前より、ずいぶんモテるようになった気がする」というものでした。

会社員時代にもクラブや合コンには(そんなに多くはないですが)、友人と行ったことはありました。

だけどいつも、期待して頑張ってメイクをしたり、気をつかったり、会話を盛り上げようとするわりには、なんにも発展しないことが多かったのです。

出会って会話しているときから、相手の目線や声色で「なんか私、いまいちモテてない」とわかるのです（笑）。

特に自分好みの人とは、出会えすらしませんでした。


それが、この頃から、「こんなに私がタイプだと思える人って実在したの？」というような人が見つけられるようになったのです。

さらに、その人たちの態度がとても好意的！

ダイエットをしたわけでも、整形をしたわけでもない。

それなのに、出会う人の層や反応が、変化したように感じました。

私がやったことといえば、そう、今まで通り、いい気分でいることです。

1人目の彼と会ったのは、あるクラブでした。

もちろん遊び目的の人が多い場だと思っていたので、特に出会いには期待せず、「友達とただ音楽や夜の雰囲気を楽しんではしゃごう！」という気持ちで出かけました（コロナウイルスが流行る前の年のことですが……）。

異性の反応が、今までと違う……！

ただ心から楽しもう！
そう思うと、夜出かける準備をしているときからワクワクしました。
今日はどんな服にしよう？
ちょっと普段と違うメイクをしてみようかな？
そうそう、マニキュアも塗っていかなきゃ！
そんなことを考えながら、出かける夜。
自分に手をかけて、目一杯おしゃれをするワクワク感、新しい体験やミラクルなことに期待が膨らむような夜の雰囲気、友達と、おなかの底から笑う感覚……。
ＴＯＤＯリストのことも、締め切りのことも、将来の不安も頭にない。
中学生くらいに戻ったような気持ちでした。

これまで〝夜は明日の朝を迎えるまでのつかの間の休憩時間〟というような感じで、どこかに出かけるときも新鮮さはありませんでしたが、このときは、なんだかキラキラした時間に思えたのです。

クラブで彼と目が合って話したときに、「かっこいいな、タイプかも」とは思いました。
少し話してみると、大手広告代理店で仕事もバリバリ頑張っているスマートな人だということがわかりました。

とはいえ、かっこいい人、イケてる雰囲気の人と接するのが億劫だったのが私のこれまでの人生。

「イケてる！　素敵！」と思う人を見ると、「まあ、自分には縁がないかな」「チャラいんだろうな」「もっとかわいくてイケてる子と話したいでしょうね」とマイナスな脳内おしゃべりがはじまってしまっていました（笑）。


しかし、このときの私は違います。

そんな脳内おしゃべりを黙らせ、ただいい気分でいたのです！

「彼に気に入られよう」ともしませんでした。

「人に気に入られよう」「好かれよう」と思うこと自体が、いい気分とはズレてしまうことを発見していたからです。

好かれることじゃなく、ただ自分がいい気分で楽しむこと。

それを第一目的に置くようにしました。


――自分の思うようにコミュニケーションして、それで合わないなら、縁がなかったということ。

そう思うと、自分が話したいことを話せたし、彼があんまり面白くない冗談を言ったときにも無理して笑ったりはしませんでした（笑）。

ドリンクをおごってくれるときには、「あー、なんかすみません。ありがとうございます……」と謙遜するのではなく、素直に「ありがとう♡」と受け取りました。

今まではずっとそういうことにいちいち、「相手からどう見えるか？」を気にしたり、変に気をつかってしまって、心から楽しめなかったのです。

そうして楽しく話していると、彼が純粋な目をして、照れたような顔で、「こんな場での出会いだったけどさ、今度普通にデートしようよ。映画とか、ごはんとか」、そんなことを言ってきました。

「女慣れしてないわけじゃないだろうに、こんな純粋な目をするんだな」

「なんかモテてる気がする」

現実的な脳内おしゃべりが、珍しくポジティブな見解を示しました。

その後、約束をして、連絡を取り合い、映画デートへ……。

おしゃれなオイスターバーで食事をして、好きなものの話、学生時代の話、そんな他愛のない話をたくさんして、楽しいデートでした。

鏡の中の自分が、かわいくなってる!?

デートをした2人のうち、もう1人の彼は、婚活パーティーで出会った人でした。

パーティーに行く前は「いい歳だし、結婚相手を見つけたい」と意気込んでいましたが、パーティー前にトイレでメイク直しをしているときにふと気づきました。

ピンク色の口紅を塗って、ツヤツヤのラメ入りグロスで仕上げて。

そうして覗いた鏡の中の自分は幸せそうで、前より我ながらかわいいということに。

こんなふうにメイクして、新しい出会いの場に出かけること自体が楽しいな。

鏡なんてずっと、ちゃんと見てなかったな。

メイク直しだって、してなかったっけ。

そう思うと、ほんの数ヶ月前までの自分が、かわいそうに思えてきました。


よし、その頃のぶんまで、今日もいい気分で楽しんでみよう。

それが自分にとっていい縁なら、きっとうまくいくはずだし。


そんなふうに心が軽くなったのでした。

パーティーでも、相手に気に入られようと考えたり、無理に合わせることはしませんでした。

ただ、目の前の1人の人間との会話を、目一杯、楽しむ。

あんまり話す気分じゃないときは、無理して話しません。

その婚活パーティーでは、いい人がいたら相手に「いいね！」を送って連絡先を交換できるようになっていました。

そこで私の元には、なんと12名の参加者全員から「いいね」が届いたのです（笑）。

これは、決して自慢をしたいわけではなく、それくらい、いい気分でいると人に好意を持ってもらいやすいのだとお伝えしたいのです。

少なくとも今まで気をつかっていた自分よりずっと、〝モテた〟手応えがありました。

ちなみに、「ただ浮かれているのではないか？」と心配される方もいるかと思いますが、この頃を境に、本当に人からの反応が変わった手応えがありました！

全然私に興味を示していなかった知人の男性と数年ぶりに会ったら「なんだろう？　メイクを変えた？　前、メガネだったっけ？　なんというか、すごく魅力的になったよね」と口説きはじめてきたり（笑）。

妹からも「最近なんか女性らしくなった。数年前やばかったよね。あれ、誰だったの？　って感じ」と言われたり……。

そんな出来事がいくつかありました。

少しはメイクを変えましたが、大して変えていませんし、以前からずっとコンタクトです。

オーラなのかなんなのか、何かしら私の醸し出すものが変わったのは間違いないはず！

やったことは、自分がいい気分でいて、その場を楽しむこと。ただそれだけです。

さらにもうひとつ補足すると、このあと〝最も魅力的だと思う人〟は更新されていきました。

このときの私にとっては、「もう、この2人以上にいい男で自分を好きになってくれる人は今世ではあらわれない！」くらいの衝撃だったのですが、もっともっとあらわれたのです。

「自分に優しい言葉をかけてあげる」
「自分が言われたい言葉をかけてあげる」
というのも、自分を満たし、いい気分になる方法として、おすすめです。
〝鏡を見てポジティブな言葉をかける〟という手法は自己啓発本の類でよく見ていたので、私も一時期やってみていました。

「私はキュート。私はセクシー。私は世界一魅力的！」

私の場合は、インスタで見かけるようなかわいい女の子に劣等感があったので、そう言い聞かせるといい気分になれました（笑）。

ちなみに、こう言い聞かせている時期に合コンに行ったのですが、そこで私がいつも自分に言い聞かせていることを、ある男の子がほぼそのまま言ってくれたこともありました。

「Sayaka.ちゃんは、なんというか、かわいい中にも、変な意味じゃなく、色気があるよね」と。

今まではそんなふうに褒められることってなかったのに！

「嬉しい」

私の現実的な脳内おしゃべりが、このときもポジティブな見解を示したのでした。

ポイント

♡モテようとせず、自分をどんどん満たす。

♡そうすると、魅力的な人と会ったときに機会を逃さず、モテモテになれる!!

5ヶ月目

叶えようとしなかったのに、叶った妄想

起こったこと

▷２人のうち１人の男性と付き合う

・５回目くらいのデートで、２人のうち１人の男性と付き合う。
（ジェントルマンさ、面白さで、こちらの男性と付き合うことに決める）

（実は有給期間中に“理想の彼氏リスト”を作成。このときはリストの存在を忘れていたが、あとで確認すると彼はそのリストをすべて満たしていた）

▷高校時代の友達と温泉旅行に行く

経緯

▷２人のうち１人の男性と付き合う

・「付き合ってください」と告白される。
（映画をいろいろ見ていた影響で、理想のシチュエーションが膨らんでいた）

▷高校時代の友達と温泉旅行に行く

・遊んでいたときに旅行に行こうという話になる。

映画に没頭することで、きたえられた

いい気分でいると、やってみたいアイデアがどんどん浮かぶようになります。

そして、それが大きなワクワクするような体験やミラクルなことにつながっていくように思います。

大層なものじゃなく、「〇〇が食べたい」といった小さなことでもＯＫ。

特に、時間を忘れて没頭できることなんかはすごくいいみたいです。

会社員時代、現実を忘れて没頭できたことのひとつが、映画を観ることです。

会社員時代はいつも仕事の締め切りや、やるべきＴＯＤＯリスト、とりとめのない不安が頭を渦巻いており、頭に不安の雲がかかっているような感じがしていました。

でも、唯一、ハマれる映画を観ているときには、現実を忘れて映画の世界に没頭し、頭に不安の雲がない状態になれることを発見したのです。

そんな体験から、この時期、温泉に出かけてリフレッシュはしていましたが、1人時間にも気分転換のために映画をよく観ていました。

前章に書いた通り、『ブリジット・ジョーンズの日記』を観て、タイプは違うけど、どちらもイケてる男性2人からアプローチされるシーンにドキドキしたり。

（なんの映画のシーンかは忘れちゃいましたが）、主人公がバラの花とジュエリーを誕生日にもらっている映画を観て、私もこんなロマンチックなプレゼントをもらってみたい……とうっとりしたり。

冷静になると**「現実世界で、今時そんなロマンチストな人はいないでしょ」「少なくとも私には、そんなことは起こらないんじゃない?」**と現実的な脳内おしゃべりがはじまりますが、期待したり自分と比べたりせず、映画をただ楽しみました。

その後、ほんの数カ月の間に本当に不思議ですが、「今まで出会った中で最もイケてる！」と思える男性2人に出会い、何度かデートをし、そのうち1人と5ヶ月目に付き合うことになったのです。

遊び半分で作ったリストだったのに

付き合ったほうの彼は婚活パーティーで出会った人で、士業をしていました。（業種は違いますが、お堅い士業をしているという意味では、これも『ブリジット・ジョーンズ』に出てくる男性の1人と同じでした！）。

驚くべきことに彼は、有給期間中に作成していた、30項目の〝理想の彼氏リスト〟にぴったりだったのです。

〝理想の彼氏リスト〟は、なかなか難易度の高いものでした。

今までこのリストを満たすような人に会ったことがなかったので、期待せず、半分お遊びで作っていたものです。

・背が１８０㎝ある（高め）
・身体が引き締まっている
・手足が長い
・自分の知的才能でお金を作り出せる（株など）
・ジュエリーやお花をくれる
・ジェントルマン（周りが見えていて気が利く）
・孤高な雰囲気がある
・人、もの、お金に依存していない
・卑屈じゃない
・私をプリンセス扱いしてくれる
・感受性が人より強め

こんな調子のものが30項目できあがりました。

「どんな人が自分にとってパーフェクトなんだろう?」と、今まで恋をした経験をもとに、ひたすら書き連ねたのです。

そんなリストだったので、リストを見返して彼が当てはまっていることに気づいたとき、とても驚きました。

告白は、高級なホテルの上階にあるバーでした。

デートの帰り道、「最後に一緒に行きたいところがあるんだけど」と連れて行ってくれたのです。

広いフロアで都会の夜景を見ながらジャズバンドの演奏が聴ける、海外のような雰囲気のあるバーでした(私が妄想していたバーより、ずっと都会的でおしゃれでした)。

私は演奏に聴き入り、パイナップルをくり抜いた器に入ったフルーツカクテルを飲みながら、うっとりしていました。

「そうそう、憧れてたんだ、こういうデートに……」

「映画の中だけじゃなく、こんなロマンチックなことってあるんだ……」

脳内おしゃべりも、このときばかりはご機嫌でした（笑）。

すると彼が緊張した面持ちで「ここはずっと本当に好きな人ができたら行きたいと思ってたところなんだ。付き合ってください」と告白してくれたのです！

さらに付き合ったのがちょうど私の誕生日月だったので、プレゼントをくれたのですが、それがバラとジュエリー。

これも私が映画を観て、バラやジュエリーをプレゼントしてくれるような人がいいなあと憧れていたものです。

彼はなんと、私の思考を読んでいるかのように、ピンク色のお花とバラがセットになった花束を「イメージに合うお花を選んだよ」とプレゼントしてくれ、「付き合ってすぐにジュエリーをプレゼントするのは、ちょっと重いかなと思ったんだけど、それだけ大切に付き合いたいってことを伝えたかったから」と言ってくれたのです。

映画や動画を観て、妄想していたことなんて一言も話していないのに！

まるで思考が伝わっているかのような出来事に、「え!? そうそう!! これこれ！！！」と心の中で飛び上がったのは言うまでもありません。

たまたまイケてる人と出会えて、〝理想の彼氏リスト〟を満たしていて、たまたま当時見ていた映画の憧れのシチュエーションにぴったりなプレゼントをもらった……。偶然にしてはすごい確率じゃない？ とその日の帰り道は1人興奮。

今までの自分の常識ではありえないことの連続に、狐につままれたような気持ちでした。

私の妄想がすべてを引き寄せてくれたのかは証明のしようがないのですが、映画を観て「魅力的な男性が私を好きになってくれるかも？」と私の脳が期待して、普段より自信を持った表情や振る舞いを無意識にしていたとか、バラやジュエリーをもらえる女の子のオーラを纏《まと》っていたといったことは現実的に考えられます。

理由はなんにしろ、せっかくなら自分にとって最高の体験を引き寄せたいもの。その点、何かに没頭したり、自分がワクワクすることやときめくことをイメージすることがとっても有効だと気づいたのでした。

※ちなみに彼とは2年交際した末に、結婚の話になり、お別れしました。どうしても結婚にしっくりこなかったのです。ですが、とてもいい思い出がたくさんでき、出会いに感謝しています。

恋愛マスターではない私が言うのもなんですが、この頃の体験の変化を経て、本当に「自分の扱い方（思考も含めて）＝他人からの扱われ方」だなと思いました。

私がやっている、ふたつのおまじない

（私は占星術についてよく知らないので、あまり勝手なことは言えませんが）、占星術の人たちの間では、昨今〝風の時代〟といって、簡単に願いが叶いやすい星回りの時代になったといわれているそうです。

たしかに、いい気分を大切にしながら描いたたいていの理想は、ここ数年の私の肌感覚では、お湯を入れておけばカップラーメンができるのと同じくらい自然に叶うものだったのです！

ここで、理想を叶えるときに、私が使っているおまじないのような方法をお伝えしますね。

ステップ1（理想の状態を味わいやすいように）アウトプットする

まず、いい気分になって、ふと浮かぶ理想を形としてアウトプットしていきます。

アウトプットの仕方としておすすめなのは、スマホに自分の理想の画像を詰め込んだフォルダを作ること。

「こんなところに行きたいな」「こんなデートがしたいな」など、自分の理想にしっくりくる画像を探して、フォルダに入れておくのです。

私は会社をやめる前、朝ゆっくり優雅に過ごすイメージの画像を入れてうっとりしていました（本当にそのイメージ通りになりました！）。

あとはノートに書き出すのも手軽にできていいです。

私の場合、そんなにしっかり書こうとはせず、あくまで〝自分のアイデアを可視化する〟という感じで気軽にやっています。

字も汚いし、ノートの書き方もバラバラです。

こんな感じで、自分の理想を明らかにして、それを五感で味わえる状態にします。

ステップ2　**理想を味わい、その状態の自分にチューニングする**

アウトプットしたものを使って理想が思い描けたら、意識上では理想を叶えているときの自分になってみます。

100万円がほしいなら、100万円を持っているときの自分をイメージし、意識上でその自分にチューニングしてみるのです。

よく言われていますが、

・「100万円ほしい」と思っている人と、100万円持っている人
・「できる自分になりたい」と思っている人と、できる人
・「愛されたいと思っている」人と、愛されている人

これって全然別物です。

つまり、〝○○を叶えたい人〟でいるときは、ずっと自分の意識上で〝○○を叶えたい人〟にチューニングしてしまっているということ！

だけど本当は〝すでに理想を叶えた側の自分〟に意識がチューニングできたとき、やるべきことが直感的にわかります。

私たちの脳というのは、想像以上にめちゃくちゃ優秀なのです！


スポーツの例を出すと、たとえばサッカーでゴールを決めようとしたら、〝ゴールにシュートする瞬間の自分〟を頭に思い描きますよね。

そうすると身体が勝手にシュートを打つフォームをとってくれます。

〝ゴールを決めようとしている自分〟に意識を向けていても、ずっとそのままなのです。


それから、イメージしているのにうまくいかない場合、心の奥底ではそれを望んでいないこともあります。

たとえば、お金持ちになった自分を理想としていても、心の奥底で「親の稼ぎを越えたくない」とか「自分でお金をたくさん稼ぐとモテなくなるかも」と思っていると、自分が望んでないので、自分の脳が願いを叶えるのをストップしてしまいます。

だけど、これらは自分で勝手に無意識の中で持っている固定観念なので、そういう観念を持っていることがわかれば、自然となくなります。

そういう意味でも、自分の本音を探ることはとても大切だと気づきました。

また、人間の脳には「今の状態を維持しよう」としてくれる性質があります。

これは私たちが安全・安心して生きることをサポートしてくれていますが、逆に悪い状態も維持しようとしてしまいます。

たとえば、〝できない・モテない・愛されない自分〟〝部屋が汚い自分〟などを維持しようとして、それがしっくりくるように思い込む。

そういう場合、脳がその方向にチューニングしにいくので、理想をイメージしても苦しくなったり、「違うかも」と思ってしまうこともあります。

ここでも、対処法は、いい気分になることです。

現状（過去、未来、他人のことも含む）と自分を切り離し、ホッとし、ラクになる。

できるだけ自分の普段の思い込みから離れた、クリアな状態で、理想を描いてみるのです。


そうして意識上で理想の自分になれたら、新品のスーツを身体に馴染ませるように、その自分をワクワクした気分で味わいます。

あとは引きつづき、いい気分でいて、自分を満たして毎日を過ごします。


するといつの間にか、「あれ？　そういえばこれ、私が前に願ってたことだ……」

という少し不思議なミラクルが顔を出しはじめるはず。


コツは、自分としっかりコミュニケーションすること。

まずは、自分が何を望み、何を望まないかを知ることです。

それから、冒頭のカップラーメンの例で考えると、ひとつのカップラーメンができあがることを重く捉えて、途中で疑って蓋を開けて何度も確かめたり、お湯を出したり戻したりは極力しないこと。

欲張りに、次々に食べたいカップラーメンを見つけてはお湯を入れて（ワクワクしながらイメージして）、できあがったものから（叶ったものから）味わえばいいのです！

ポイント

♡理想を叶えるのは、カップラーメン感覚で気軽にできる。
♡〝もう叶っている人〟にチューニングすると直感が降ってくる！

6ヶ月目

好きなパンの話をしただけで、ふわっと仕事がもらえた⁉

起こったこと

▷**仕事が入る**

▷**前職の友達と宮古島に行く**

経緯

▷**仕事が入る**

・異業種交流のアプリで出会った方に紹介される。

・ただただ好きなパンの話などをして楽しんだところ、仕事がたくさん溢れている経営者の方を紹介していただく。

▷**前職の友達と宮古島に行く**

・誘ってくれた。

気分が乗らないことは、もうしない

自分の平凡な毎日に、ミラクルなんて起きるわけがない……。

特に新しい出会いが広がらない環境にいると、こんなふうに「私のこの人生から何が起こるっていうの？」と思いますよね。

私の場合も、1人で仕事をしはじめてからの悩みのひとつが、「自分には大きな実績も信頼も人脈もない」ということでした。

ビジネス本や成功者の方の本にはよく、「とにかく信頼や人脈を作れ」とか「チャンスは人が運んでくる」というようなことが書いてありますよね。

それよりも、「いい気分でいるほうが、はるかに物事がスムーズにいく」ということを実感するようになっていましたが、たしかに1人きりで部屋に寝転がっていい気分でいたって、新しいことは何もはじまらないような気がしていたのです。

だけど、やっぱり人脈作りに出かけたりするのには気分が乗りませんでした。

インドア派の私にしっくりきた人脈の広げ方

そんなときにたまたま見つけたのが異業種マッチングアプリでした。

異業種マッチングアプリは、異業種交流を望んでいる人たちが利用しているビジネスアプリで、本当にさまざまな業種の方が登録しています。

お互いに興味があるもの同士なら、マッチングし、メッセージ交換ができるようになるアプリです。

マッチした人はお互いに興味があるので、異業種交流会でお互いの状況を探るよりずっとスムーズに話ができました。

今はこういった、お部屋にいながら可能性を広げられるサービスもたくさんあり、SNSを通じて世界中の人とつながることもできます。

ここでも「人脈づくりに出かけるのに気分が乗らない」という気持ちを尊重し、無理して出かけなかったおかげで、自分にしっくりくる方法を見つけられたのでした（もちろん、必ずしも人と会う必要はないと思います。「自分が人と会うことにワクワクしないときは、引きこもるが吉」というのも私の1年の学びです）。

――ここに登録しておくだけなら簡単だし、興味のある人にマイペースに会えるなら、ちょっと楽しそうかも。

そう思って登録したことがきっかけで、つながったご縁がいくつかありました。マッチしてお会いする数は決して多くなかったものの、「なんとなくこの方に会ってみたいな」と思う範囲内で出かけると、学ぶことがあったり、お仕事につながる話をいただけたりしました。

最初は「**私なんかに会って相手にメリットがあるのだろうか？**」「**バリキャリの方**

ばかりで場違いかもしれないから、恥ずかしい」などとお決まりのマイナス思考な脳内おしゃべりもはじまりました。

だけど、「会って話してみたい」という素直なワクワクのほうを大切にしてみたのです。

準備段階からいい気分でいると、人と会うときにもいろんなアイデアが浮かびました。

ランチやお茶をするお店を選ぶときも、行ってみたいカフェをセレクト。

また、手土産に、家の近所のおすすめのパン屋さんのパンを持って行くことも。

コミュニケーション術のような本を読むと、「天気の話をして相手の心を開いてから商談に入りなさい」「日経新聞は最低限読んでおきなさい」などと書いてあり、それにしたがったほうがいいのかな、と思った時期もありました。

だけど、私は自分がワクワクすることを意識して話すことにしました。

お店が素敵だという話とか、パンがおいしいという話を最初にしたほうが、自分もテンションが上がったし、そのワクワクが相手にも伝わるような感じがしたからです。

結果、頑張って苦手な領域の話をしなくても、ワクワクしながら好きな話をすると、相手も連鎖するように好きな話をしてくれることが多いとわかりました。

きっと、（少なくとも私が知っているレベルの）天気の話や日経新聞のトピックの話は聞き飽きている方も多かったのでしょう。

実際に、好きなパンの話で盛り上がった末に「そういえば知り合いに仕事量が増えて困っている社長さんがいるんだけど」と、人を紹介してくださり、自分がやってみたかった仕事につないでいただいたこともありました。

会社で1人、パソコンをカタカタやっていた自分の常識では、仕事とは頑張って営業して取るものだったので、こんなふうに人と楽しくパンの話をした末にふわっとチヤンスをもらえるのは、考えてもみなかったことでした。

人脈を作ろうと目的意識を持って身構えて出かけたり、コミュニケーション術を使おうとするよりも、その場その場で、自分がいい気分でいること。

その上で、ワクワクするインスピレーションにしたがって会話を楽しむこと。

たとえビジネスの場であっても、この在り方は通用するのだな、と思ったのでした。

その場その場で会話を楽しみ、やりとりを楽しみ、仕事も自分の好きな場所で気が向いているときに楽しんでやる。

そんなふうに自分が満たされていると、仕事関係のメールのやりとりでも、相手をねぎらうフレーズが自然に出てきたり、「お客さんがおすすめしていたお菓子を食べてみて、手土産にも持って行こう！」というアイデアが浮かんだりと、理屈で考えなくても相手を満たそうと思えることが増えていきました。

memo

「人と会うことに気乗りしないときは引きこもる」も吉。
ゴロゴロ過ごす中でインスピレーションが降ってくることも（*^^*）

たとえ仕事の関係であっても、相手の緊張している目がふっとゆるむ瞬間や、自然な笑いが溢れる瞬間などを想像して何をしようかなとワクワクするのです（3ヶ月目の記録にも書きましたが、自分を満たしていると自然と人を喜ばせたくなるのです！）。

努力や継続が苦手でも、これならできる

これは「仕事は仕事、プライベートはプライベート」とわけて考えていたときの自分とは少し違う感覚でした。

昔の自分なら、きっと「相手に嫌われないように、なんてメールを返そう」とか「お土産を持っていったほうがいいのかな。何を持っていくのがビジネスパーソンとしてちゃんとして見えるんだろう」とか考えて、「あー、もう考えることがいっぱいで面倒くさい」と塞ぎ込んでいたと思います。

だけど本当は、どんな場であっても、たとえそれがビジネスシーンであっても、自分がいい気分でいることで周りの人にいい気分を伝染させることができる。

いい気分は自分で吹かせられる心地いい風のようなもの。
緊張したり、嫌な空気を感じる場でも、その軽やかな風を吹かせられるのです♡

何度かそんな体験をすると、無理に結果を追いかけなくても、一瞬一瞬の出会いや仕事がいい結果を運んできてくれました。

もちろん、必ず自分の期待通りになるわけではありませんが、長期的に見ると、自分の期待以上の結果につながっているのです。
〝仕事を楽しむ〟というと難しいですが、いい気分でいることなら、すぐにできました。

ただただいい気分でいて、その上で仕事を楽しむインスピレーションが浮かんだら実行する。
努力や継続が苦手な自分でも、「このやり方なら楽しく仕事を続けていけそう！」と思えたのでした。

ポイント

♡「いい気分」は自分で吹かせられる、心地よい風のようなもの。
♡結果も軽やかな風に乗って舞い込む！

4ヶ月目～6ヶ月目のまとめ

起きたこと

・素敵な２人の男性との出会いがあり、そのうちの１人と付き合うことに！

・異業種マッチングアプリに登録したら、理想の仕事を紹介される

ハッピーポイント

♡ネットで「こんなところに行きたいな」という画像を探してスマホに保存していた

♡「理想の彼氏リスト」を作ったら、そのままの人があらわれた

♡「仕事は仕事、プライベートはプライベート」とわけずに、すべての瞬間を楽しむ

第3章

Chance

これってもしかして、うまくいく流れ!?

7ヶ月目

バリキャリ風の女性がいても、もうひるまない！

起こったこと

▷**仕事が入る**

・長年やりたかった、旅行系ライティングの仕事。

・大手企業の仕事であったため、この後の仕事にもつながる。

・デザインや構成に関わる仕事も経験させてもらう。

経緯

▷**仕事が入る**

・フリーランスエージェントの求人に応募。

・大手広告代理店出身のフリーランスのコピーライターの方も一緒に面接したが、なぜか私を選んでもらえる。

・この面接でも、リラックスして今までしてきた仕事について楽しんで話した。
（このあたりで月収が会社員時代の２〜３倍になる。だんだん“物事がうまくいくこと”に慣れてくる）

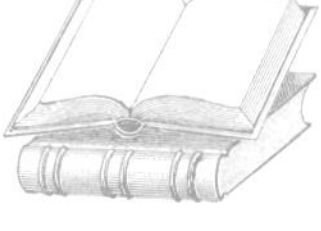

大きなチャンスは、どうつかむ？

少し大きめのお仕事をするチャンスが訪れたのが7ヶ月目でした。

自宅からそう遠くないとある大手企業が、自分のキャリアに近いフリーランスのスタッフを募集していたのです。

条件もよかったので、「きっとほかにもやりたい人がいるだろうな」とは思う一方で、勤務地が都心から離れていたので、比較的競争率は低そうかも、と思ってダメ元のような気持ちで応募してみました。

仕事の内容はざっくりとしか書かれていなくて、詳細は載っていなかったのですが、何か担当できたらいいなとワクワクしたのでした。

なので、エージェントから面談依頼の連絡が来たときは嬉しかった一方で、「ほかにも面談をされる方が複数いるので、別の方と一緒に面談となります」とのこと。
「フリーでバリキャリの方が多いんだろうな」「行く意味あるのかなあ」と思うと億劫になりました。

当日は余裕を持って出かけるはずが、ギリギリの電車になりました。
加えてその電車が遅れ、少し遅刻する最悪の展開。

「行きたくないなあ」「ダメなやつだと思われるだろうなあ」、そんな脳内おしゃべりがはじまりましたが、なんとか気分を立て直し、「ほかのフリーの人が企業と話をするときってどんな感じなのか、見てみたい」などと考えながら会場に向かいました。

大手企業の面談に、ライバルあらわる？

予想はぴったり的中し、もう1人の方はバリキャリ風の女性。

その女性は、すでに会場に到着し、エージェントの人と余裕で談笑していました。私はというと、広い敷地内を走ってボサボサになった髪を整えながら、「すみません！」と謝るところからスタートし、企業と面談を進めてまたがっかり。

というのも、そのバリキャリ風の女性は、私が就職活動時に一番憧れていた大手広告代理店出身の方だったのです（私は書類すら通らず、面接も受けられなかったのです）。

有名外資系のクライアントと仕事を進めてきた華々しい経歴を話していて、私は穴があったら隠れたいような気持ちになりました。

「ほら、やっぱり社会は甘くない。実績が大切。本来、こういう人が独立して個人でやっていくんだ」

脳内おしゃべりがここぞとばかりに饒舌にまくし立ててきました。

……が、ここでも私はいい気分に集中することにしました。

もはや私に使える武器は、それしかなかったのです（笑）。

すると、

——まともに経歴を並べて太刀打ちできる相手じゃない。

——萎縮していても仕方がない。せっかく時間をもらっているわけだし。

——必要以上に大きく見せるでもなく、萎縮するでもなく、私はありのままを話そう。

すっと、そう思えました。

その後は、お気に入りのお手製資料を見せながら、自分が会社員時代、どんな思いで求人に向き合っていたか、フリーになってからその体験をどのように活かして仕事をしてきたか、今回どういう部分で貢献できそうだと思っているかなど、一言一言、いい気分で本音で話し、会話を楽しみました。

以前と違い、どんどん、おなかの底から自分の言葉が出やすくなっていたのです。

——私は、何を考えているのか。
——私は、どう思うのか。

「一般的には○○」とか「誰々によると○○」ではなく、自分の考えを、自分の言葉で、誰を前にしても伝えやすくなっていました。

担当の方や役員の方もしっかり耳を傾けてくださったのですが、すごい経歴の人を目の当たりにして、「自分がほしい仕事を取るには、まだまだ年数がかかりそうだな」と思いながら、帰りの電車に乗りました。

なので、その日中に「ぜひ、Sayaka.さんにご依頼したいということで企業からご連絡がありました」とエージェントから連絡が来たときには、びっくりしました。

もちろん、ほかの方が全員辞退されたとか、条件が折り合わなかったとか、事情があったのかもしれません。

だけど、今までの自分なら萎縮して「私なんて無理」と思ってしまうようなチャンスをもらえたのが素直に嬉しかったのです。

「すごい人やものの前では、萎縮すべき」という感覚が私の中に根づいていたのですが、「相手が誰であっても、その時間が無駄にならないようにしよう。たとえどんなにすごい人と会うときでも、いい気分で、不安や恐れにとらわれていない史上最高の自分で向き合おう」、そう思えた体験でした。

そしてこの体験を機に、この後も、大きなお仕事をいただけるようになっていったのでした。

不思議なことはさらに続く

またまた不思議な話をすると……。

memo

「身の丈＝いい気分で受け取れる幸せの大きさ」であり、自分でいくらでも変えられるものかもと最近思っています。

6ヶ月目に、私は飛行機で宮古島に向かっていました。

その際、機内誌をパラパラ見ていたのですが、たしかイタリアの旅行地紹介、みたいなコーナーがあって、おしゃれな文章で現地のホテルやレストランが紹介されていたのです。

それになぜかとても引き込まれました。

現地の風とか、温度とか、自然の匂いとか、料理の素朴さとかが、まるでそこにいるかのように感じられ、うっとりしたのです。

私もこんなふうに、旅行地の雰囲気が伝わるような文章を書いてみたい。

ライティングの仕事に憧れて、ワクワクしていた頃のことを思い出しました。

雑誌にライター募集をしていないか問い合わせようかな、と思いながら、その日は気づけばそのまま気持ちよく寝てしまいました。

この企業さんの仕事がスタートしてからわかったのですが、ここでのメインの仕事はまさに、旅行地の魅力を伝えるライティングをする仕事だったのです！

ここ数年の実体験を経て、チャンスをつかむのに資格は関係なく、〝自分に受け取れる器があるかどうか〟だけが重要だと思うようになりました。

言い換えると、〝自分がすごいと思うもの・人・お金などが舞い込む機会を前にして、恐れたり萎縮せず、いい気分でいられるか〟、それがあるだけだと。

私の場合は、立派な肩書き、大企業、大きなお金、イケてると思う人などを〝すごい〟としていたので、最初はこういったものを前にすると、萎縮してしまっていました。

恥ずかしいような、情けないような、「自分は圧倒的に足りていない」という不快感があるのです。

でも、なかば狂ったように（笑）、どんな場でもいい気分を大切にしつづけることで、その不快感はなくなっていきました。

もちろん今でも緊張することはあるものの、「せっかくもたらされた機会なのだから、いい気分でいて、自分史上最高の自分で向き合おう」という気持ちを持つように。

そう意識するようになってから、チャンスをものにできることが増えていきました。

ポイント

♡誰と向き合うときでも、なるべく不安や恐れにとらわれないようにする。

♡チャンスをつかむには、〝自分に受け取れる器があるかどうか〟が重要。

8ヶ月目

目標やテクニックよりも大事なこと

起こったこと

▷仕事が入る

経緯

▷仕事が入る

・前に仕事をいただいた経営者の方から、デザインや構成にも関わる仕事をいただく。
(こちらも大手企業の仕事であったため、その後にもつながる)

「頑張る私」から「流れに身を任せる私」へ

うまくいく流れに乗っているか？
うまくいかない流れに乗っているか？
この頃は、そんな新しい目で物事が見えはじめました。

8ヶ月目に入った仕事も、ずっとやってみたかった類の仕事。
なので、話が来たとき、直感的に「やってみたい」と思えました。

「自分にできるだろうか？」「どう思われるだろうか？」といった不安は、以前ほど浮かぶことはなくなっていました。

――自分が直感的にやりたいと思うものだから、きっといい流れになるはず。

そんなワクワクした気持ちが勝るようになっていたのです。

それは、〝うまくいく流れに乗っている〟というような感覚でもありました。

ポジティブシンキングとも少し違って、物事がスムーズに進むことを抵抗なく受け入れているというような感じ。

「あるシーンにおいて、いい気分を保つことがナチュラルにできている」というような状態です。

そんな流れに乗ると、「頑張れ私！　負けるな私！」とか「目標達成するぞ！」「油断大敵！」みたいなマインドでいるときよりずっと自然体で、リラックスして、冷静にことに臨めるのです。

――仕事であっても、恋愛であっても、いい気分でいれば、なんだかんだうまい方向に物事は運ぶ。

——それでも今うまくいかないことがあるのなら、それは長期的に見るとうまくいかないほうがいいこと。

——願いごとも、いい気分でいれば叶う。

——どうしても叶わないのであれば、叶わないほうがいいこと。


結果ややり方に、必要以上に固執するようなことがなくなっていました。

うまくいかないことがあったときにも、環境や他人など、外側の要因に理由を探すのではなく、自分の思考から見直すようになっていました。

会社員時代の自分との違い

これは会社員時代、毎日疲れていたときとは違う感覚でした。

今思うと、当時は〝うまくいかない流れ〟に乗っていました。

「また何かミスする気がする」

「電車が混んでて遅刻しそうだなー」

「どうせ今回の合コンもいい人には出会えないんだろうな」

いつも道端で下を向いて、いちいち小石を見つけては、自分で大げさに転びに行っているような、そんな感じだったのです。


ダンスにたとえるなら、今までは一生懸命頭で考えて踊っていながら、テンポがずれたり、誰かの足を踏んでしまっていたような感じ。

うまくいく流れに乗っているときに踊るダンスは、ちゃんと音楽が聞こえ、リズムに乗れて、ほかの人の動きが見えて、全体の空気感を楽しみながら踊っているような感覚です。


そうして出会う人を興味深く観察していると、あらゆるシーンで〝うまくいく流れに乗っている人〟と〝うまくいかない流れに乗っている人〟がいることがわかってきました。

容姿とか、経歴とか、そういうものに関係なく、「どういう流れに乗っているか？」だけがあるように見えてきたのです。

シンプルにそう思ったときに、人の見え方も変わりました。

誰が優れている、優れていないなんてものはなく、ただあらゆる分野で、うまくいく流れに乗っている人とそうじゃない人がいるだけ。

どんな人も、平等なのだと。

そうなると、「この人はすごい」「この人はすごくない」と人をジャッジすることがなくなります。

ジャッジすることに頭を使わなくなると、人と自分を比べることが少なくなります。

結果として、考えるべきことが少なくなるから、自分自身がとてもラクになったのです。

落ち込んだときの、とっておきの切り札

もちろん、私自身がうまくいく流れに乗れていないないなというときもあります。

そういうときは、うまくいく流れに戻れるよう、軌道修正をします。

いい気分になれるように気を逸らしたり、先に書いたような本音のデトックスをしていましたが、特にひどく不安な気持ちに襲われたときや落ち込んだときは、〝現実を完全に無視して寝る〟という最強の切り札を使っていました。

今ではこの切り札を使う頻度も減りましたが、ここ3年、何度この切り札に救われてきたことかわかりません。

きちんとできれば、次の日には悩んでいたことが徐々に軽くなるか、消えてなくなります。

まるで雪のかたまりが光に溶けてなくなっていくように。
本当に、なぜかは正確にはわからないですが、最強なのです！

ポイントは、〝現実を完全に無視して〟というところ。

見えている問題や現実と自分を、いったん切り離すのです。
過去、未来、ほかの人のことも考えません。

※睡眠の効果について書かれたビジネス書は多いですが、多くの本はこの〝現実と自分を切り離す〟という観点が抜けているように思います。

経験上、これをするのとしないのでは大きな違いなのです。
その上で、必要であれば、好きな音楽を聴くなり、好きな動画を見るなりして、眠りに入ります。

会社からお給料をもらう形ではなく、１人で仕事をするとなると、やはり最初の頃は先のことやお金のことが不安になりました。

貯金が底をつき、頭を抱えたこともありました。

（自分で会社をやめておいてなんですが）「これからどうなるんだろう？」と不安になり、電車の中で呼吸ができなくなって、動悸が止まらなくなったこともありました。

それくらい、私は、一度悩んだり不安な気持ちに引っ張られると、人一倍どんどん落ちていくタイプだったのです！

そんな私ですが、この〝寝る〟の切り札をうまく使うことで、いい気分を保てるようになりました。

マイナスな気持ちに引っ張られることがなくなったのです。

ストレスのない良質な睡眠については、心理学や脳科学など、どの分野でも吉とされているものだし、『引き寄せの法則』でもおすすめされています。

著者によると、寝ている間に普段出している波動がリセットされるんだそうです。たしかに、寝ているときって意識していなくても自動的に〝いい気分〟に引き上げられる感じがしますよね。

「2日間眠りつづけると開運する」ということをブログで説いている風水師さんもいらっしゃいました（私もやったことがあります。これもすごい効果があります）。

とにかく〝寝る〟というのは、どの分野においてもお墨付きの起死回生のストレス解消&開運術。

これを使わない手はありません。

実際、コロナの関係もあり、収入が大きく減ったとき、2日ほどただ〝寝る〟をやった結果、翌週に、ずっと連絡のなかったエージェント会社から立てつづけに連絡がきたこともありました。

なんとなく苦手だなと思う人がいても〝寝る〟をすると、翌週、急に相手が優しいメールを送ってきてくれたということも、別の人の場合には、食事会で一気に打ち解けて、むしろとても好きな人に変わったということもありました。

〝寝る〟の切り札を使ったあと、ずっと考えていたことに対して、いいアイデアが浮かぶことなんてしょっちゅうです。

本当に、不思議なほどに〝寝る〟の切り札は、仕事、健康、恋愛、どんな悩みごとにも効果てきめんなのです。

トランプでいうとジョーカーです。

どうしても、現実や、目の前の問題が気になってしまうときには、〝天に委ねる思考〟をするのもおすすめです。

恥ずかしいですがここだけの話、ご先祖さまだか龍だか神さまだかなんだかわからないけど、いつもミラクルな展開を運んできてくれる存在に名前をつけて、愚痴を言い、「この状況、なんとかしてね」と頼んで寝ることも、私はよくやっていました。

memo

2日間寝る開運方法は、途中で起きても、ごはんを食べてもOK。
出かけたり、アクティブなことは極力しません。

健康面で不安があるときは、亡くなったおばあちゃんに「なんとかしてね」とお願いして寝ます。

このやり方はスピリチュアル寄りの本を読んで真似してみましたが、悩みの解決を何かに委ねてしまうことで、リラックスし、安心して眠れたのでおすすめです。

しかも、本当に改善してしまうことがあるから不思議なのです。

ポイント

♡うまくいかないことがあったら、自分の思考や気持ちを見直す。

♡〝現実を無視して寝る〟は最強の切り札。

9ヶ月目

直感にしたがうって、こういうことなんだ

起こったこと

▷彼と旅行

経緯

▷彼と旅行

・行きたかった国内旅行先へ誘ってもらう。

頭で感じ、心で考える

9ヶ月目には、ずっと行ってみたかった、星空で有名な村へ行きました。
あいにくの大雨で星空は見えませんでしたが、雨の中の景色も楽しみました。

それから、私はあるときふと、これまで読んだ本たちを手放す決意をしました。
本当にお気に入りの数冊だけを置いて、それらもなるべく読まないようにクローゼットの奥にしまい、当時持っていた本のほとんどを寄付することにしたのです。

理由は単純で、時々自分は、ワクワクしながら本を読んでいるのではなく、赤ちゃんがおしゃぶりを吸うように、不安や心許なさから〝自分の判断や直感を信じるための根拠探し〟で本を読んでいることに気づいたからでした。

アコーディオンのようになった本や赤いラインがたくさん引いてある本を手放すのは、本当に身が引き裂かれるような思いでしたが、ある本で読んだ「頭で感じ、心で考える」というキーワードが、ずっと頭にひっかかっていました。

——私はいつも頭で正解を探してばかりで、自分の心や感性、直感を大切にしていない。

ふとそう気づき、必要以上に本を読んだり、ネットで情報を調べたりする時間を減らそうと思ったのです。

今でも本は大好きで読みますが、自分のワクワクする気持ちにしたがって読むという感じで、不安に駆られて読むことはなくなっています。

memo

本や服は、ダンボールに詰めて指定の宛先に送るだけで
発展途上国などに寄付してくれる団体がたくさんあります！

それは、不安から正解を探すのではなく、いい気分で、自分がよりいい気分になれるものや、好きなもの、ワクワクするものを見つけるようになったからです。

「引き寄せの法則」のすすめ

だけど私たちは、不安に駆られて、何か正解を、根拠を、論拠を、証拠を、やり方を……と信じられるものを探しつづけてしまうことがあります。

娯楽として知識の探求を楽しむことは素敵だけど、不足感から何かを求めることはとても疲れてしまいます。

あらゆる物事において、世の中全体が当たり前に信じられるほど、たしかな正解が生まれるまでには、とても時間がかかるからです。

それでもあえて何かを信じるのであれば、個人的に「引き寄せの法則」がおすすめです。

これってとてもシンプルで、原著はもう何年も何年も何年も「いい気分でいれば、いいことが引き寄せられる」ということを伝えつづけているんですね。

「あなたがいい気分でいること以上に大切なことは何もない」と。

私がこのシンプルな法則を気に入った理由のひとつに、これまでの人生経験と照らし合わせても、「そうかも」と思えたことがありました。

街で人間観察をしていると、クレームを言われたアルバイトの店員さんが、その後も不安そうな顔であたふたと接客して、数分後にはお釣りを落としていたり。

駅で舌打ちをしているおじさんが、誰かにぶつかってキレ出したり。

不安そうな人はより不安になる出来事が重なっていて、怒っている人はさらに怒るようなシーンに出くわしているところを想像するのは容易かったのです（逆にキレてるおじさんにいきなり超ハッピーなことが起こって笑顔になる、みたいなシーンを想像するほうが難しかったのです）。

もっともっと自分の勘を信じてみる

もちろん「不安を抱えているときは、視野が狭くなっているからミスを起こしやすい」とか、「怒っているときには、脳が怒るような出来事を探している」とか、いろんな解釈はできると思いますが、一歩引いた視点で見ると、**「自分の不安な気持ちが不安な出来事を引き寄せている」**という見方もできます。

〝類は友を呼ぶ〟という言葉も、自分が似た人を引き寄せているともいえます。

つまり、すべての出来事を、環境や他人などのせいにするのではなく、シンプルに自己責任であると考えると、「引き寄せの法則」になる。

そして「引き寄せの法則」を使って幸せになろうとすると、自分をいい気分にさせ

よう、ということになる。

理屈としてとても簡単だし、人や環境のせいにしないぶん、健全だし、誰にすがる必要もないのです。

お金もいらないし、今すぐできる。

ストレスがある生活というのが、健康や人間関係に悪影響をもたらすというのはいろんな分野で明らかなのだから、いい気分でいるほうがいろんな面でメリットも多いことは想像に容易いです。

ただ、いい気分でいる。

その上で、好きなこと・ワクワクすることがあれば、自分の心や勘を信じてやってみる。

そこでピンとくる本や出会いがあったなら、それはきっとそのときの自分に必要なものだと信じて、自分の人生に招き入れてみればいいのです。

私も、占いすら信じられないタイプでしたが、自分の気分や勘の力なら信じてやってみたいと思えました。


何か外側のものから正解を探そう、無理に信じよう、信じるに足る根拠を探そうと、頭で理解しようとしなくてもいい。

ただ、自分の気分や勘の力を信頼してみること。

この超シンプルな魔法の効果は想像以上に絶大でした。

ポイント

♡引き寄せの法則は、いい気分でいることがミソ。

♡頭で正解を探し出すより、心で自分がワクワクする・しっくりくるものを選ぶ。

7ヶ月目〜9ヶ月目のまとめ

起きたこと

・長年望んでいた旅行に関わるライティングの仕事を大手企業からいただく
・ずっと行きたかった場所へ、彼と旅行
・労働時間が会社員時代の約半分、月収が会社員時代の2〜3倍になる

ハッピーポイント

♡うまくいかないことがあったら、自分の思考や気持ちを見直す
♡相手が誰であっても、不安や怖れにとらわれず、いい気分の自分でいる
♡最終切り札は、「寝る」！

第4章

Original

恋も仕事も、自分史上最高に

10ヶ月目

週の半分働き、月収5倍に

起こったこと

▷仕事が入る

・週1日だけ働く契約のプロジェクト。

※ここで月収が会社員時代の約5倍になる。

（ここまでの期間、労働時間は会社員時代の半分以下）

経緯

▷仕事が入る

・フリーランスエージェントの紹介。

・リラックスして、商談を楽しむ。

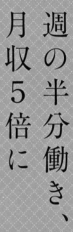

好きなことをして、リッチになりたい

「好きなことで稼ぎたい」、この悩みを抱えている人って多いのではないでしょうか。

これに関しては、実体験から、「こうするのがおすすめ！」という方法がひとつあるので、ここで紹介させてください。

それは、〝好きなことをする〟と〝リッチになる〟を、まったく別々の体験として考えるということです（ここで「いや、嫌なことをしてまでリッチにはなりたくない」と思った方も、一度最後まで読んでみてください）。

10ヶ月目になる頃には、本業の収入が会社員時代の約5倍、労働時間は週の半分だけになっていました（今は好んでもう少し働いています）。

ですがこの数ヶ月後、私は壁にぶち当たります。

ここまで本当に「頑張ること」「努力すること」は一切していませんでした。

ただ、自分が直感的にやりたいと思った仕事だけをすることでいつもご機嫌でいられ、その影響か、不思議と仕事も順調に進みました。

その結果、お客さんがいい評価をしてくれ、エージェントから最初の頃よりずっと条件のいい仕事を紹介されることもありました。

ところがもっと、自分の好きな世界観、デザインのものを追求して作ってみたくなったのです。

私の収入源は、企業から単発あるいはプロジェクト単位でいただくお仕事。

Webライティングからスタートし、デザイン周りの企画をしたり、関係者の人のスケジュール管理などをしながらプロジェクトを円滑に進めていくような仕事もするようになっていました。

どんなものを作るときでも、必ず企業やほかの人と一緒に進めるもので、納期が決まっていて、どんなものを目指すのかも決まっていました。

つまり、自分1人で〝本当に自分が作りたいものを追求して作る〟という体験ではなかったので、だんだんそれもやってみたくなってきたのです。

お金と時間が増えた先にあったもの

ここで私は考えました。

どこかに、「自分が作りたいものを作っている、ぴったりな会社があるかも」と。

そこと取り引きをすれば、自分が作りたいものを追求して作れるんじゃないか、と思ったのです。

1件、パリ発のギフトショップの会社が、自分の好きな世界観に近いものを発信していて、「ここと仕事をしたい！」とメールしてみましたが、特に返信はありません。

ほかにもドンピシャで自分好みのものを作っている会社を探したのですが、なかなか見当たりませんでした。

次に考えたのは、自分で商品を作ることでした。

ブログをもっともっとかわいくする！　かわいいアクセサリーショップをオープンする！　自分のサロンを持ってそこにお客さんを招いて……想像はどんどん膨らみ、ワクワクするものの、お金のことを考えると「これではいきなりお金は入ってこない」と気持ちが沈みます。

やるからにはそれなりの時間やエネルギーを注ぎたくても、お金にはならないと思うと、やはり踏ん切りがつかないのです。

ですが、たまたま「引き寄せの法則」についての本を読んでいると、〝好きなことをすること〟と〝豊かになること〟を切り分けて理想を叶えるアイデアが書いてありました。

その本には、「好きなことをすることと、経済的に豊かであることとは、まったく別の体験なのだから、それを混合するとややこしくなる」「好きなこと以外で経済的に豊かになるイメージがわきにくいなら、「(自分にとって抵抗のないことをしていて)経済的に豊かである想像をしてみればいい」というような内容が書かれてあったと思います。

「いや、私は今、もっと自分の好きなものを作ることでリッチになりたいんだけど」という思いは隅に置き、いったん素直に理想を切り分けてイメージしてみることにしました。

といってもノートに自分の理想を整理しただけです。

・好きなことを追求する
・(自分にとって抵抗のない方法で)リッチになる

そうして、それぞれ理想の状態をイメージをしてみると、なかなかしっくりきました。

思考がとてもシンプルになったようにも感じられました。

その結果、〝好きなことを追求する〟については、「自分がほしかった電子書籍を作る」「かわいい動画キットを作る」といったアイデアが浮かび、自分のビジネスができあがりました。

〝（自分にとって抵抗のない方法で）リッチになる〟については、「自分の好きな世界観を発信している会社じゃないと」という思いを外したら、企業と一緒にやるお仕事の幅が広がり、単価が上がる形でお金が増えていきました。

興味深かったのは、企業と一緒に進める仕事を、〝自分の好きなものを追求して作る〟という体験とは別物として、価値を感じることができるようになったことです。

企業のプロジェクトに入るときには「組織や社会全体の部品の一部として、自分ができること（抵抗のないこと、息をするように自然にできること）で貢献するには、

memo

SNSや動画配信者が増え、事務的裏方の需要も増えている昨今。
「自分が抵抗なく収入を得られること」は、すぐ見つかるかも♡

どういう動きをすればいいか」をゲームのように考えるようになったのです♡

それは自分が作りたいものを作っているときの感覚とはまったく別の種類の体験です。

ごはんとデザートくらいに違うのですが、どちらも私にとってワクワクする体験になりました。

いわば、自分のキャリアというお弁当箱に、いろんなジャンルの好物が詰まっている感覚になったのでした。

こうして好きなことが収入になった

もし私が、〝好きなことをすること〟と〝リッチになること〟を切り離していなかったら、「私は好きなものを作ってリッチになりたい」の一点張りで、この体験はできなかったかもしれません。

ちなみに、電子書籍や動画キットもムクムク成長して、立派な収益源になりました（詳細はエピローグに記載）。

「これでたくさんお金を得たい！」というような執着や抵抗がなかったからこそ、自由に作ることを楽しみ、収益につながったように思います。

きっと好きなこと・ワクワクすることを本当に追求していれば、いつかお金と結びつくのでしょう。

だけどそれを信じるのが難しいのなら……〝好きなことをすること〟と〝リッチになること〟を一度切り離して考えてみるのは、なかなかいいアイデアでした。

また、「嫌なことはやめるべきか？」ということについては、私も散々悩みましたが、今ではどちらでもいいんじゃないかなと思っています。

（昔の私が気づけなかったことですが）、どんな場であっても、いい気分でいれば結局物事はいい方向に展開していったりするからです！

ただ、北極に南国の鳥が住めないように、自分の肌に合うもの、合わないものというのはあります。

損得勘定や理屈、ほかの人からの見え方を基準に物事を選ぶと、肌に合わないものを選んでしまっていたりするのです。

なので、ここでも、おすすめなのは、一度、いい気分になって過ごしてみること。

それでも、どうしても合わないと感じるなら、無理をせず、自分を大切にする選択をしてみるのがいいのではないでしょうか？

ポイント

♡叶えるのが難しそうな理想は、要素を切り分けてシンプルに考えてみる。
♡仕事も、お弁当に好きな具材を詰めていくように自由に選ぶと、人生の楽しみになる。

11ヶ月目

悪い気分の直感は自分をブレさせる

起こったこと

▷ひとつの仕事が終了

▷仕事が入る

経緯

▷ひとつの仕事が終了

・会社の経営統合のため。

▷仕事が入る

・新しく登録したフリーランスエージェントの紹介。

・このときの商談もリラックスして、今までやってきた仕事のことなどを楽しんで話す。

・もっとやりたいと思っていた、デザインに関わる仕事をはじめる。

・勤務時間や勤務場所の自由度がかなり高いスタイルになる。

仕事も直感で選んでいい？

「自分の直感を、もっと信じたい」ということについても、私の実体験から「こうするといいかも！」というアイデアがあるので、ここでご紹介させてください。

それは**「いい気分でいるときの直感は信じる。悪い気分でいるときの直感は信じない」**です。

いい気分でいるときの直感やインスピレーションは、本当にあてになります。

私が「フリーランスになる」というアイデアが思い浮かんだのも（0ヶ月目にも書きましたが）、いい気分でいるときでした。

それまで、そんなアイデアは毛頭浮かばず、転職することばかり考えていたのです。

結果として、フリーランスの働き方が私にはとても合っていました。

私は、もともとオフィスや人が多いところで集中するのが苦手。
隣の席の人がイライラしている空気感とか、電話の音が気になったり、ほかの人のことが気になったりしてしまうのです。

さらには、朝ゆっくり起きたい。満員電車に乗るのが好きじゃない。朝礼や日報が好きじゃない。お金はたくさんほしい。かといって、起業がしたいわけでもない。
昔は**「全部自分のわがままで、甘え。そんなことを叶えられる環境なんてあるわけない」**と脳内おしゃべりが全否定していましたが、そんなこともありませんでした。

だけど転職にこだわって、わがままを全部叶えてくれる会社を探そうと思ったら、なかなか難しかったと思うのです。
あのとき、いい気分にならずに、血眼で転職先を探していたら、私はまだ転職先を見つけられていなかったか、嫌々どこかに入る選択をしていたかもしれません。

自分を満たしていい気分でいたから、フリーランスになるアイデアを思いついたし、いい気分を大切にすることを決めていたから、フリーランスになる道を選べました。

さらに、仕事を選ぶときにも、感覚的な「やりたい」「やりたくない」という部分を大切にしていました（ちょっと変かもしれませんが、まだ仕事が選べるような状態にないときからです）。

「やりたくない」なら、それはなぜで、自分は何を望むのかも考えていました。

たとえば、ホームページの宣伝文のライティングをしていて、なんとなく「面白くないな」と思った感覚を見逃さず、「なぜそう思うのか？」を考えてみるのです。

すると、「おなかの底からいいと思えてない宣伝文は、書きたくない」と出てきます。

「じゃあ、どうしたいのか？」と考えると、「もっと宣伝の企画・デザインから考えてみたい」と思っていることがわかりました。

手当たり次第に行動していくのではなく、望みを明らかにして取捨選択していくことで、11ヶ月目には、仕事内容・条件・ワークスタイルなど、まるで自分用にカスタムされたかのように、ほしかったものが手に入っていったのです！

もちろん、会社員が向いている人もいるし、起業が向いている人もいるだろうし、本当に何が肌に合うかは人それぞれ。

世の中や他人が「これがいい」と言っているものは参考程度に聞いておき、自分のいい気分と相談してみると、おのずといいアイデアが降ってくるのかもしれません。

正しい直感と、あやしい直感

逆にあまりあてにならないのが、悪い気分のときに湧いてくる直感です。

不安なとき、怒っているとき、恐怖を感じているとき、自分を否定しているときなんかにふと思い浮かぶようなアイデアは、経験上、あまりあてになりませんでした。

ヒステリックになった人を想像してみると、わかりやすいでしょう。

そんな状態の人が、手当たり次第に直感にしたがっていたら……。

よくないことが起こりそうな気がしませんか？


悪い気分のときに浮かぶ直感は、磁場が狂った場所のコンパスのようなもの。ブレるし、とにかくあてにならないのです。


自分では「直感だ」と思っても、どこかで見聞きした情報や、損得勘定、理屈で無理やり導き出したアイデアだったりもします。

なので、こういう直感にはしたがいません。

こういう状態のときに思い浮かぶ〝本音〟も、毒舌になったり、人を傷つけたりするので、ノートに書いて解消したほうがいいと思っています。


そして、いい気分でいるときの直感やインスピレーション、ちょっとした違和感などは、あてにしてみること。

「何かにつながるかも！」と期待や執着をせず、フッと宙に浮かぶ羽をつかむ感じで直感をキャッチしてしたがってみると、とても頼りになることに気づくのです。

「いい気分のときの直感を信じてみよう」とより強く思えたのは、身近な人達に関する固定観念が外れてからのように思います。

私はフリーランスになったことを、会社をやめたあとに家族に事後報告しました。

もちろん最初は「大丈夫なのか？」と言われたし、2社目の退社だったので両親はちょっとがっかりしたような表情もしていました。

当時の私の場合、きっと会社をやめず、長年付き合った彼氏と結婚することのほうが、一時的に家族を安心させ、喜ばせられたことでしょう。

「身近な人をがっかりさせてまで、自分の気持ちを大切にする決断はしたくない」、そう思った時期もありました。

だけど、いい気分を大切にしだすと、ほかの人のいい気分にも敏感になります。

「本当の本当に家族を喜ばせられるのは、私が心から幸せでいることだ」「安定した収入を得ることや結婚をすることそのものではない」と思えるようになっていました。

それはきっとご先祖さまもそう。

たとえば、自分が死んだあと、愛する孫の孫の孫が人の目を気にして自分の思うように生きていない様子を上から見ていたなら、「生きているうちに自分の思うように、やりたいことをやりなさい」と必死で声をかけ、背中を押すと思いませんか?

ご先祖さまは見ている?

少し話が逸れてしまいますが、急にご先祖さまの気持ちを代弁したのには訳があります(笑)。

私は小学生の頃にちょっと不思議な体験をしたことがあるのです。

それは、妹と近所のコンビニで〝よっちゃんイカ〟を買ったときのことでした。

ふと思いつきで妹と一緒に、「ご先祖さま、私たちをかわいいと思っているなら、あたりを出してください」と何回もお祈りしてから、よっちゃんイカを開けました。

すると袋の裏にはあたりの文字が。

妹と歓喜して、あたりの袋を持って同じコンビニに行きました（あたりの袋はよっちゃんイカと交換できるのです）。

話はここで終わりではありません。

この日、同じ方法で、３、４回、よっちゃんイカのあたりを引きつづけたのです！

コンビニの店員さんにも驚かれ、母も妹も覚えている、この不思議体験。

おそらく製造業者のミスか何かで、あたりばかりが入った箱だったのでしょう。

ですが、人生ではじめてご先祖さまにお願いした機会に、たまたまそんなレアケースが重なるなんて、すごい確率です。

幼いときの私は「ご先祖さまという存在は、現代に生きている私たちをとても愛してくれているものなんだ」と何かとても強く感じさせられたのでした。


だから、無理をして自分の気持ちを偽るのではなく、自分がとびきり幸せでいて、

その表情を、在り方を、たくさん見せていけばいい。

家族にも、ご先祖さまにも。

嘘偽りなく自分が満たされたあとで、感謝の言葉を伝えればいい。

法律を犯したり、他者を傷つけなければ、基本的に人は自由なのだから。

そんなふうに考えるようになると、制限を外して**「自分のいい気分を追求してみよう」「直感を大切に、好きなことやワクワクすることをやってみよう」「自分で決めたことだから、自分で責任を取って生きていけばいいのだから」**と、何より自分の気持ちを優先させられるようになりました。

ポイント

♡悪いときの直感は狂ったコンパス。いい気分でいるときの直感は、あてになる。
♡誰かのために選択を迷っているなら、その人が本当に喜ぶことは何か考えてみる。

12ヶ月目

誰かになるより、最高の自分に

起こったこと

▷彼と旅行

経緯

▷彼と旅行

・誘ってもらう。

・行きたかった国内旅行先に行く。

・人生最高の満天の星空を見ながら温泉に浸かる。

本当になりたい自分って？

都心から離れたところにある、秘境の温泉に行きたい。

そんな私のリクエストから、12ヶ月目には関東のとある豪雪地帯の温泉へ行きました。


電車やバスを乗り継いで、眩しい真っ白な雪の中を歩いて宿へ。

ピンと張った冬の新鮮な空気を、全身が吸収し、喜んでいるように感じられます。

「キツネが出ることがあります。注意してください」

宿の露天風呂には、そんな看板がありました。


露天風呂は、特に柵や囲いがなく、そのまま雪原につながっています。

目の前には大きな谷があり、その先にはずっと森が広がっている。

視界を遮るものがなく、遠くのほうまで、真っ暗な山々が眺められるお風呂でした。

お客さんも、親子連れが2組だけ。

小さな子どもは、ヒノキの温泉に浸かりながら外の雪で雪遊びをしています。

温泉とその周りを照らす照明以外、灯りはありません。

少し熱めの温泉の湯気は、雪遊びをしている子どもを抜けて、真っ暗な森の中に吸い込まれていきます。

こんなに周囲が暗いということは……。

ふと上を見上げると、そこには、満天の星空がありました。

真っ暗な空一面に小さな星が散らばり、夜の森を包んでいたのです。


9ケ月目に見たかった星空は、ここで叶ったか。

思わず顔がゆるみます。

こんな星空と雪原と温泉の中で、かわいいキツネが出てきたらどんなにいい思い出になるだろう。

そう思って結局、私は2時間以上、露天風呂を出たり入ったりしたのですが、キツネは出てきてくれませんでした。

またいつか叶うのかな。

まるで子どもの頃のように無邪気なことを考えている自分と、ひどくしわしわになった手に驚きながら、深夜の露天風呂をあとにしたのでした。

〝いつか〟ではなく、大事なのは〝今〟

さて、ここ数年の変化を経て、私はあることに気づきました。

それは、〝いい気分でいる〟ということは、〝自分史上最高の自分でいる〟とイコールだということです。

いい気分でいたら、「いつか自分史上最高の自分になれる」のではなく、いい気分でいたら、「自分史上最高の自分になっている」のです。

毎瞬毎瞬、自分とまったく同じようにいい気分になり、同じインスピレーションが浮かぶ人は、世界中に1人もいません。

いい気分も、好きなこと・ワクワクすることも、ふと浮かぶ直感も、世界の人口分、つまり約78億通りあることになります。

望みも、ワクワクも、インスピレーションも、全部自分だけのオリジナルなもの。

これらは子どもの頃から、考えてきたこと、信じてきたこと、感動したこと、すべてが蓄積されて形成されています。

もしも前世というものがあるのだとしたら、さらにずっと前からですね。

つまり、いい気分でいて、いつもいい気分になれる選択をする（自分の好きなことやワクワクすることをする）というのは、そんな世界にひとつだけのオリジナルな自分を最大限生きるということでもあります。

大人になるまでの経験則で〝どうあるべき〟とか〝一般的に〟とか、そういう型に合わせてきた自分ではなく、本来の自分らしさを思い切り体験しながら生きるということです。

出会いやチャンスは〝引き寄せ〟られる

自分史上最高の自分とは、具体的にどんなものでしょう?

それはきっと、どんな小さな選択でも、ほかの人の目を気にするのではなく、自分がいい気分になれる選択をしている自分です。

そして、「自分の人生、たかが知れている」なんて思わず、心が動くこと、魂が震えるようなことを体験し、楽しむ自分です。

人と比べたり、社会的な正解や成功を求めたりする代わりに。
自分を知り、深く理解し、愛する自分です。
自分のダメだと思うところも嫌な感情もすべて受け入れる自分です。

過去や自分の経歴に縛られず、理想を生きる自分です。
自分の感性を、直感を、いい気分を、大切にする自分です。

その上で、ほかの人をジャッジしたり批判するのではなく、優しさや幸せを自然とシェアしたくなる自分です。
いつも軽やかに願い、受け取り、感謝する自分です。

それは憧れの誰かでもないし、いつか到達できるものでもない。
大金をゲットした末に手に入るわけでも、苦労をして手に入れるものでもない。
今ここで、いい気分でいる自分なのです。

そして（これは本書を通じて一番お伝えしたかったことですが）、自分史上最高の自分でいれば、ベストな出会いやチャンスに恵まれる。

つまり、自分史上最高の人生はおのずと〝引き寄せ〟られてくるはずなのです♡

それはきっと多くの人がびっくりするような、魔法がかったミラクルな展開で……。

ポイント

♡今、ここでいい気分でいることは、今、自分史上最高の自分になるということ。

♡その先には、自分史上最高の出会いやチャンスが待っている！

10ヶ月目〜12ヶ月目のまとめ

起きたこと

・本業の収入が、会社員時代の約５倍になる
・勤務時間や場所の自由度がより高くなる
・彼と旅行し、秘境の温泉で、星空を見る

ハッピーポイント

♡好きなことをすることと、経済的に豊かになることを一度明確にわけて考えてみる
♡いい気分のときの直感は信じる、悪い気分のときの直感は信じない
♡最高の自分でいれば、最高の出会いやチャンスを引き寄せられる

Epilogue

2年目も、ひたすら自分を大切にしてみた結果

ステイホーム中も、〝いい気分〟でいた

2年目は、世界的にコロナウイルスが蔓延。予期せぬ年になりました。

コロナの影響を受けやすい仕事が複数あったため、失った仕事もありました。

ですがここでも、私はいい気分を大切にしていました。

恐怖、不安、怒り、モヤモヤ……いろんな感情は、スッキリさせるためにノートに書き出したり、不満や望まないことを考えつづけるのではなく、自分はどうしたいかを考えたり、ニュースを見て嫌な気分になったら、おいしいものを食べたり、ゲームをして気をそらしたり……。

どうしても不安なときは、現実を無視して寝たり。


なんでもいいから、自分がいい気分の状態（＝自然で冷静な状態）に戻れれば、物事は結果的にはうまく運ぶと信じていました。

いつだって、私さえ、私の〝いい気分〟を見失わなければ、大丈夫なはず、と。

その結果、新しい仕事が入り、本業以外に収入源ができ、この本ができるきっかけになった電子書籍を作るアイデアが生まれ、そこからもともと自分の日記のような感覚でやっていたブログに読者の方がメッセージをくださるようになり……。

驚いたことに、いろんなことが吉へと転じていきました。

災害や不況など、予期せぬことが、人生に訪れることがあります。

ですが、どんなときでも、自分を見失わなければ、自分のいい気分を軸にしていれば、きっといい方向に物事は流れていきます。

そして、視野が広くなり、そのときどきでベストな判断ができるようになります。

一時的にトラブルと見えることすらも、まさに「災い転じて福となす」な状況になります。

それはまるで、何かに守られているように感じるほど……。

本当に何かが守ってくれているのか、ただの思い込みなのか……そんなことの証明はどうでもよく、大切なのは、そう。

ただ、自分がいい気分でいること。

人に感謝するのも、いいことをするのも、何か行動するのも、すべて自分を満たして、自分の気分を整えてから。

そうすれば、きっと見える景色がすぐに変わってくるはずです。

どんどん変化は続いていく

2年目に起こったことを、ふたつご紹介すると……。

1つは、恋愛ゲーム『イケメン戦国』にハマったあと、『イケメン戦国』みたいな仕事を請けることになったことです。

『イケメン戦国』は戦に励む武将たちを紅一点支えながら、恋をする恋愛シュミレーションゲーム。

基本的にフリーランスになると1人で仕事をすることが多かったので、「こんなふうに野心のある人たちの集まりに加わって〝女の子として支える感じ〟ってすごくいいなあと、2年目の前に思っていました。

※でも、戦国武将のような人たちは現代にはいません。現代だと、体育会系部活のマネージャーとか……とも思いましたが、今さらマネージャーになる機会もありません。なので、特に自分の理想として思い描くわけでもなく、ただゲームをして楽しんでいました。

その約半年後、たまたま請けるようになった仕事は、仕事熱心な男性チームのプロジェクトに紅一点のポジション。

人数構成、仕事内容的にも『イケメン戦国』みたいでワクワクしたのでした。

もう1つは、デイトレードにハマり、「自分のビジネスも持ちたい」と言う理想が明らかになり、叶ったこと。

たまたま見たトレーダーの人の動画を見て、少し手を出してみたのですが、結果が出ない日々が続き……。

「デイトレードは楽しいけど、結果に執着しなきゃいけないのがしんどい」「私はやっぱり、ものを作ったりデザインしたりするのが好きだな。お金を稼ぐ手段としては、ビジネスのほうが好きかもなあ」などと自分の好みを知ることができました。

さらに妄想を進め、**「自分のビジネスを持ち、自分がキュンとするものを追求して作って、お客さんに喜ばれる」**経験などを理想として描いていました。

そういう方をネットで探していると、「収入源を複数持つ」考えを発信されている方がいて、「湯水のようにいろんなところからお金が湧いてくる感じだよー」みたいなことを書かれていて、その感覚っていいなあと妄想。

約半年後、ふと電子書籍を販売したところ、なんとKindleストアで上位に入り、月数万円の印税が入るように……！

そこからブログへの流入が増え、「いつもブログを楽しみにしてます！」というメッセージをいただくことが増えていきました。

ブログ内で自分のフリーランスのノウハウをまとめた動画キットを販売したところ、半月足らずで10万円以上の売り上げになり、「自分のビジネスも持ち、湯水のようにいろんなところからお金が湧いてくる」の願いが叶っていたのでした。

ほかにも、

・数年前「こんな人に口説かれたら気分がいいだろうな」と思っていた人に口説かれる。

・部屋の模様替えをしたいと思っていたら家具をもらうことになる。

など、小さなことから大きなことまで、いろいろありました。

中でも、気まぐれではじめた電子書籍やブログ、コンテンツが短期間でどんどん育ち、いろんな出会いをつないでくれたのが、個人的には大きなミラクルでした。

Q&A

Sayaka.への質問

ここまでを読んで、「えっ、本当に引き寄せって叶うの？」と
思った方もいるかもしれません。
ここでは、ブログを通して私に寄せられた質問や、
「私自身ならこんなことが気になるかな？」と
思ったことについてQ＆A方式でお答えしていきます！

Q1 もともと営業のようなことは得意だったんですか？

A いいえ。

実は１社目は旅行のセールスの仕事をしていましたが、しんどすぎて３ヶ月で退職しました。

これがトラウマになり、営業には漠然と苦手意識がありました。

２社目も結構黙々とライティングをする仕事だったので、コミュ力がだいぶ落ちていたと思います。

上司に報告をして「何を言っているかわからない」と言われるほどでした（笑）。

でも、人と話すこと自体は、本当は好きだったのかもしれません。

自分が気分よくいることを優先すると、自然と楽しく話ができるようになりました。

ずっと、自分にそういう気持ちがあったことすら忘れていました。

営業とか人と話すのは得意じゃないと思っている人も、何かトラウマがある人も、いい気分でいて、好きなことについてなら話せるはず。

私は、“コミュ力”なんて幻想で、ただ人前でいい気分でいられる人とそうじゃない人がいるだけだと思っています。

なので、人とのコミュニケーションというのは、気の持ちようで全然変わると思います。

Q2 仕事のスキルがめちゃくちゃ高いということはありませんか？

A いいえ。

文章を書くこと自体は好きですが、多くのライターさんと比べると、語彙力・文章力ともに正直かなり劣ります。

校正やルールに沿った文章作成も苦手で、会社員時代は、ほかの部署からクレームがきたことも。

「あんなにテキトーなライターさんは初めてだ」と噂になったこともあるほど、誤字脱字がひどかったのです（笑）。

クラウドソーシングサイトなどでライターさんが多くいる昨今、スキルや実績、人脈なしでの独立は客観的に考えるとかなり厳しかったと思います。

ちなみに書くことが「好き」という気持ちは、別に熱烈に「好き」というわけではなく、**「やっていて苦じゃない、心地いい、時々楽しい」**というレベルでした（ブログや電子書籍で自分の言葉を書くようになってからようやく、「書くことが好きだなあ」と思えるようになりました）。

そういう、何か性に合っている気がするものを吟味して、そこに少しずつ時間と労力を注ぐことを意識しはじめてから、物事がスムーズにいくようになりました。

だから、すごく得意なこととか、好きなことがなくても大丈夫です！

「苦じゃないこと」「心地いいこと」探しからでも、いくらでも仕事は作れると思います。

Q3 いい気分になろうとしても、すぐにマイナスな気分に掻き消されてしまいます……

A 大切なポイントは、「いい気分にならなきゃ」と焦ったり、義務感に駆られたりしているその瞬間、自分はいい気分じゃないということです。

そんなときには「今、自分は、どうすると心の底からいい気分になれるか（あるいはスッキリするか）？」を考えてみるといいかもしれません。

マイナスな気持ちに蓋をせず、どんどん吐き出すのも、いい気分になれる手のひとつ。

１ヶ月目の記録でお伝えしたように、ノートなどに「しんどい」「もうやだ」とか自分の心にあるモヤモヤした気持ちを吐き出すだけでも、とてもスッキリするものです。

このとき、大切なのは、出てきた言葉を否定したり、罪悪感を持たないこと。

自分のノートなんて一生誰も見ないし、誰も傷つけることがないんだから、どんなにひどい言葉になってたっていいのです（笑）。

出てきた言葉を否定したり無理に肯定したりするのではなく、「しんどかったね」「嫌だったね」と赤ちゃんを慰めるように、すべて無条件の愛で自分の感情を受け入れると、安心してどんどん本音を吐き出せるようになります。

出し切れば、台風が去って綺麗に雲が晴れるように心が軽くなります。

そこまでのプロセスそのものは、きっと「いい気分にならなきゃ」と思っているときよりずっといい気分なはずです！

Q4　自分の好きなことをしているのですが、思うような結果が出ません

A　何事も、結果だけに執着しているときって、結構苦しくなるものです。

結果が出ていない現状や、現状と求める結果のギャップに目がいってしまうからです。

なので、結果はあまり考えず、いい気分でいて、好きなことに没頭しているといいと思います。

結果については、理想の未来を時々思い浮かべてニンマリするくらいにとどめておく。

不思議ですが、結果への執着が全然なくなったときに、ふわっと理想の結果になっていることが多いです！

また、これもひとつ大切なポイントですが、自分の頭で捻り出した理想の結果は、案外、自分にとってベストではないことも時々あります。

「この人と付き合いたい！」と強く思った人がいたとしても、本当は数ヶ月後、別のもっといい人との出会いが待っていたり……。

こんなふうに、叶わない結果というのは、**将来、自分が「あのとき、叶わなくて、本当によかった（嬉泣）」と思うものだという場合があるのです。**

そういう意味でも、結果にはあまり執着せずに、一瞬一瞬いい気分を大切にしていくことのほうがおすすめです。

Q5 いい気分でいるようにしているのですが、なかなか現状が変わりません

A　ここでもひとつ、大切なポイントは「いい気分でいるようにしてるのに、現状が変わらない」と思っているとき、人はいい気分ではないということです（笑）。

「いい気分でいるようにしよう（頑張ってそのように考える）」と「いい気分でいる（自然とそうなっている）」は、違う状態のように思います。

本文の５ヶ月目の記録に、私たちの脳には「今の状態を維持しよう」という機能があるというお話をしました。

つまり、**「いい気分でいても現状が変わらない」という状態だって、脳は維持しようとしてしまうものなのです。**

なので、いったん過去の記憶や現状と自分を切り離してみましょう。

いい気分になり、望むものについて、じっくり考えてみるといいかもしれません。

『嫌われる勇気』で有名になったアドラー心理学には、現状と過去は関係がないというお話があります。

過去にどんなにうまくいかなかった経験があっても、今この瞬間から、人生はいくらでも変えられるのです。

Q6　特殊な仕事（アフィリエイト、投資、夜のお仕事など）で稼いではいない？

A　いいえ。
投資だけ一回やろうと思いましたが、全然マイナスで、やめています（笑）。

個人向けに提供できるものが何もなかったので、この1年間、個人向けの仕事はしていませんでした。

自分で稼げるようになってから、フリーランス向けの動画キットの販売など少しはじめました。

Q7　創作・脚色している部分はない？

A　はい、ありません。
いい気分を大切にしていると、自分の本心からブレたことを書けなくなります。

書くといい気分じゃなくなるのです（笑）。

私は、ほんっとーにどこにでもいる普通の、ちょっとどんくさい会社員でした。

自分の身の程を知っているからこそ、変化に驚いています。

何より、私がこの1年やってきたのは「いい気分でいること」「好きなことに時間と労力を注ぐこと」のふたつだけです。

もしもこれを読んでくれている方が、何か自分の「好き」「ワクワクする」「これをやってみたい」といった感覚的なものに自信を持てずにいるなら、少しずつでもぜひ、“いい気分”を日常に取り入れてみてください！

3年弱を振り返って　おわりに

すべて〝たまたま〟だったら？

いつも、その感覚を自分の中に持ってはいました。

たまたま1年目、やりたかった仕事ができて、理想だったワークスタイルが叶い、収入が5倍に増え、理想の恋愛シチュエーションが叶い、彼氏リストを満たす彼と付き合えたのかもしれない。2年目には、たまたま電子書籍がプチヒットし、ブログの読者さんが増え、自分の理想通りの形で副収入が得られる運びになったのかもしれない。そして3年目、たまたま出版をすることになったのかもしれない。

……それにしてはここ数年ずいぶん運がよすぎる、と思わざるをえないのです。

すべてがたまたまだったとしても、そうじゃなかったとしても、いつでも包まれる毛布のようで魔法の絨毯のようでもある〝いい気分〟は宝物になりました。

さて、この本は、過去の自分が読みたかった本です。

昔の自分が、本屋さんでこの本を見つけ、ドキドキしながらページをめくるところを想像して書きました。


読んでいくうちに、物事がシンプルに思えてくる。

もっと自分を大切にしてみたくなる。

少しずつ人生を楽しみたい気持ちになる。

「自分にもミラクルが起こるのかも？」と思う。


そんな気持ちの変化を想像しながら、私の体験を書いていきました。

もしもこれを読んでくださっているあなたに、そんなワクワクする気持ちをプレゼントできたなら……またひとつ、大きな願いごとが叶ったことになります。

私のとっておきのこのシンプルで驚くべき偉大な秘密の魔法が、あなたの人生にもたくさんのミラクルを呼び込みますように……。大好きなお家のベッドの上より。

Sayaka.